COPRI LE MIGLIORI RICETTE MESSICANE !

Mexican Food Recipes - Italian Language Edition :

Ricettario Con Cibi Ed Alimenti Provenienti Dal Messico

Complete Cookbook For Breakfast, Lunch And Dinner !

Food And Beverage - World

UN PO' DI STORIA Pensando al Messico, sicuramente la prima cosa che viene in mente è la fiesta, momento in cui il Messicano condivide con amici e parenti un avvenimento speciale festeggiando con musica e pietanze tipiche come tamales, mole, carnitas o chilaquiles... Prima però di inoltrarci in argomentazioni prettamente culinarie, per poter ben comprendere la cucina del Messico è d'obbligo fare un breve cenno storico. La cucina odierna si è formata tramite tappe evolutive basate su conquiste e invasioni europee e il suo segreto sta proprio nell'indovinata unione tra gli ingredienti tipici della cucina europea e quelli indigeni, a noi a volte ancora completamente estranei. La Cucina Precolombiana Gli ingredienti della cucina azteca erano soprattutto prodotti della agricoltura: cereali e verdura, in particolare zucchine (e fiori di zucchina), nopales (pale di cactus), fagioli e mais. Per insaporire il cibo era onnipresente - e lo è tuttoggi - il chile, cioè il peperoncino, ma molto impiegati per il loro valore aromatico erano sicuramente anche vaniglia e cacao. Il consumo di carne era proprio delle classi agiate e religiose: venivano cucinate quaglie, tacchini, ma anche, seppur più raramente, cani (cibo speciale per le festività religiose), pesce e cacciagione. Tra le bevande che ci sono state tramandate ricordiamo l'atole, una farinata di mais, simile a una pappa abbastanza liquida, profumata con cannella, cioccolata o frutta fresca, consumata come primo pasto. L'agua miel altro non è che la linfa zuccherina di Agave americana, dalla cui fermentazione si otterrà poi il notissimo pulque. Non dimentichiamo poi che di origine messicana è la cioccolata, deliziosa bevanda calda che così tanto successo ha riscosso tra i Paesi del Vecchio Continente. In quell'epoca veniva preparata diluendo il cacao e altre spezie in polvere con liquido caldo e aromatizzando con pepe roncino; ancora oggi in alcuni locali messicani viene servita questa versione piccante. L'Influenza Ispanica Gli Spagnoli hanno profondamente influenzato la civiltà india, contribuendo a creare la cultura messicana così come oggi la conosciamo.

Nel periodo di tempo che va dal 1521 al 1821, cioè dalla conquista alla dichiarazione di indipendenza dalla Spagna, in Messico si sviluppa una cucina completamente nuova, che unisce ingredienti europei e spagnoli con quelli autoctoni: pomodoro, cacao, zucca, patate (dolci e non), pomodori e peperoncino - questa elencazione può forse dare un'idea di quanto il Messico abbia contribuito con i suoi prodotti ad arricchire la cucina di tutto il resto del mondo. Per `ricambiare il favore' gli Spagnoli introdussero carni di allevamento (manzo, maiale, ovini e polli), ma anche vino, olio, grano, formaggio e, soprattutto, tecniche di cucina. La Cucina Attuale Scrive Marilyn Tausend nel bellissimo "Il Messico e la sua grande cucina" (Rizzoli Ed., 1992): " ... oggi la cucina messicana può essere annoverata, secondo molti esperti, tra le cinque cucine più creative e degne di nota del mondo, assieme a quella francese, indiana, cinese e italiana". Per i Messicani la loro è addirittura la terza più grande cucina al mondo dopo quella francese e cinese, ma non hanno torto visto l'originalità, la ricchezza e l'estrema varietà che la caratterizza. Gli ingredienti oggi impiegati rimangono in gran parte quelli presenti già in epoca precolombiana, ma la cucina di questo Paese si caratterizzadiversamente a seconda che si viaggi in zone costiere o dell'entroterra. Buona parte del Messico è bagnata dall'oceano (a est dall'Atlantico e a ovest dal Pacifico) e la cucina di questi territori vede un largo impiego di pesce e frutti di mare. Le pietanze delle regioni centrali sono invece soprattutto a base di carne, manzo, agnello e capretto. Si tratti di carne o di pesce, i contorni tipici sono costituiti da fagioli e riso che vengono preparati in svariati modi, spesso assolutamente inusuali per la cucina europea. Sono poi moltissime le varietà di verdure verdi reperibili nei mercati messicani e a esse si uniscono patate (la varietà amarillas è la migliore per preparazioni stufate, al forno ecc.), cipolle, pomodori e soprattutto zucchine. Di questa pianta vengono largamente impiegati sia i frutti, sia i fiori e i semi; quest'ultimi oltre che essere utilizzati per la preparazione di salse, vengono venduti come snack dopo essere stati leggermente tostati e salati.

Una parola va spesa anche per i dolci. È stata l'influenza spagnola e viennese a contribuire a fare dei dolci un capitolo importante della cucina messicana, in quanto in epoca precolombiana praticamente non esistevano. Come `dessert' veniva piuttosto utilizzata la splendida frutta esotica che la terra messicana offre: mango, papaie, ananas, guava, noci di cocco ecc. Tuttora è abitudine dei messicani iniziare la giornata - e a volte anche il pranzo - con fresche macedonie di frutta; diffuso è anche l'uso di trasformare la frutta fresca in deliziosi frullati o canditi. In ultimo, un consiglio che riguarda le bevande. Per accompagnare un pranzo tipico e attenuare il sapore piccante delle pietanze è meglio sorseggiare una delle buonissime birre messicane, piuttosto che acqua o vino (anche se di quest'ultimo esistono alcune buone marche). È anche abitudine portare in tavola caraffone di agua fresca, acqua aromatizzata con succhi e polpa di frutta, oppure soli succhi di frutta, frappè e, non dimentichiamo, caffè, meglio se con leche, un caffelatte molto chiaro che i Messicani sorbiscono a grosse tazze a ogni ora del giorno. Tra gli alcolici non hanno bisogno di presentazioni acqueviti tipo la tequila o il mezcal, protagonisti anche di numerosi e famosi cocktail. Meno alcolico e più difficile da trovare il pulque, bevanda di antichissima tradizione preparata con la linfa zuccherina di agave che va consumato fresco. Mais, Fagioli e Peperoncino Questi tre elementi caratterizzanti la cucina precolombiana sono tuttora le voci dominanti di quasi tutti i piatti messicani. Variando il metodo di cottura e la presentazione contribuiscono all'elaborazione di svariate pietanze. Del mais si utilizzano le foglie, i funghi parassiti (huitlacoche), le pannocchie ancora tenere, da arrostire o lessare, e quelle mature i cui chicchi essiccati vengono ammorbiditi lasciandoli a bagno in acqua e calce pura. Macinati poi nel metate e impastate con acqua formeranno la masa, punto di partenza per tortillas, tamales, tacos, enchiladas ecc. Assolutamente indispensabile per allestire un menu tipico è la tortilla, cioè il pane messicano, una specie di piadina morbida e sottile preparata con farina di mais e acqua.

Assaggiare un piatto di cucina messicana senza accompa- gnarlo con tortillas è assolutamente improponibile: in tavola hanno la funzione di pane, piatto e posata. In alcune regioni settentrionali viene preferito l'impiego di farina di frumento, poiché lì è il cereale più coltivato. Anche in Italia, dove è difficile trovare una farina di mais di giusta macinatura e dove non viene visto di buon occhio l'impiego di calce a scopo alimentare, è meglio usare farina di frumento. La cucina messicana usa un'ampia varietà di chiles o peperoncini, a seconda del tipo di ingredienti e del tipo di pietanze. Il gusto piccante del peperoncino messicano non è infatti sempre uguale: le sfumature dei differenti tipi sono importanti e contribuiscono a caratterizzare determinate pietanze che altrimenti non sarebbero... fatte secondo tradizione. Ipeperoni messicani presentano varietà dolci, piccanti, piccantissime, e possono essere riuniti in due principali gruppi: i peperoni secchi e quelli freschi. Tra quest'ultimi ricordiamo il chile jalapeño, generalmente il più utilizzato, grande, di colore verde scuro e di consistenza carnosa. Simile è il cuaresmeño, mentre più grande e dolce è il poblano. Di uso frequente è anche il chile serrano, molto piccante e di dimensioni piccole. Esistono poi varietà verdi e rosse, simili a quelle normalmente rintracciabili anche in Italia. Tra i chiles secchi, largo impiego ha il chile ancho (il poblano essiccato), con aroma più agrodolce che piccante, così come il chile mulato, scuro e amarognolo. Nelle salse e nelle zuppe viene consigliato il chile pasilla piccolo, allungato e piccantissimo, mentre per piatti a base di carne è meglio il guajillo. Curioso è il sapore conferito alle pietanze dal cascabel, piccolo e tondo, che alla lontana ricorda quello di noce. Il chipotle (il jalapeño secco) e il morita si trovano anche affumicati e risultano quindi particolarmente aromatici. I chiles, che siano secchi o freschi, prima di essere uniti alle pietanze devono subire un particolare procedimento di preparazione (vedi pag. 11), indispensabile ad accentuarne l'aroma e a facilitarne la pulizia. Oltre al peperoncino tutta una serie di erbe aromatiche e verdure caratterizzano il sapore delle pietanze messicane, ricordiamo tra tutte il coriandolo (cilantro), il chenopodio (epazote) e la menta (hierba buena).

La Cucina Costiera Tra i pesci più utilizzati nelle preparazioni culinarie tipiche delle regioni costiere troviamo: lo squalo (cazòn) che, specie se giovane, viene considerato una ghiottoneria, il polpo (pulpo), il pagro (huachinango) e il branzino (ròbalo); tra i crostacei ricordiamo (camarones), le aragoste (langostes) e i granchi (cangrejos), specie quelli azzurri che si catturano lungo le coste del Golfo del Messico. Tra i molluschi in conchiglia, invece, sono deliziosi i vari tipi di vongole (almejas) e le ostriche (ostiones). Forse il piatto più rappresentativo della cucina messicana della costa a base di pescado (pesce) e mariscos (frutti di mare) è il ceviche, nel quale la polpa di pesce viene fatta marinare nel limone e insaporita con cipolla, pomodoro, erbe aromatiche, peperoncino e sale. Tra le altre proposte culinarie ricordiamo i raffinati gamberi al mojo de ajo, in cui i crostacei dopo essere stati scottati sulla griglia vengono serviti accompagnanti da una salsa a base di aglio. Merita una citazione anche il vuelve a la vita, un cocktail di frutti di mare e salsa a base di avocado, limone, cipolla, peperoncino e coriandolo. Il nome, che significa "ritorno alla vita", gli viene per l'alto contenuto nutrizionale degli ingredienti (ostriche, cozze ecc.) che dicono essere capace di resuscitare anche i morti. La Cucina Dell'Entroterra Come abbiamo segnalato all'inizio, l'impiego di carne nella cucina messicana è divenuto più importante dopo le invasioni spagnole. Mentre prima facevano la loro comparsa solo in feste e ricorrenze particolari, e spesso solo sulla tavola delle classi più agiate, dopo le pietanze con carne si fanno più frequenti e variate. Fra i piatti di questa `nuova' cucina ricordiamo las carnitas, a base di carne di maiale lessata in pentola di rame e servita accompagnata da salse e tortillas. Specialità tipica del Nord del Messico è invece il caprito al pastor nel quale il capretto da latte viene cotto allo spiedo e servito con tortillas di farina di frumento. La birrìa, stufato di agnello cotto nel brodo, viene invece mangiato il giorno seguente a una forte sbronza per alleviarne gli effetti. Antenato fondatore della stirpe dei moderni barbecue, intesi come metodo di cottura all'aperto sulla brace,è sicuramente il barbacoa.

In questa specialità degli altopiani messicani la carne di agnello o montone viene cotta dopo essere stata avvolta in foglie di maguey, all'interno di una piccola fossa sca- vata nel terreno, sul cui fondo sono state sistemate braci ardenti protette da sassi. Sempre in una fossa scavata nel terreno viene cotta il chochinita pibil, maialino da latte avvolto in foglie di banano, che nello Yucatan viene poi servito con anatto e salsa di cipolla rossa. Sicuramente però il piatto tradizionale più noto, più buono, è il mole poblano de guajolote, il tacchino cucinato con una salsa speziata. Il mole è infatti a base di peperoncino, cacao, noccioline americane, cannella macinati e molte altre spezie (secondo tradizione gli ingredienti dovrebbero essere più di 50); il tutto ridotto in polvere e diluito con brodo viene utilizzato per cuocere il tacchino lessato. Questa pietanza, originaria di Puebla, prevede una cottura di circa 3 giorni e viene servita in occasione di ricorrenze particolari come matrimoni, battesimi o anniversari. Una breve segnalazione meritano anche i pesci di acqua dolce, tra cui trote, carpe e gamberi (acamayas). Nell'interno, inoltre, dove non c'era la possibilità di fornirsi di pesce di mare fresco, è molto diffuso l'uso nella cucina tradizionale di pesce essiccato, quale gamberi o merluzzo (bacalào). Gli Utensili Tradizionali Il metate è sicuramente tra gli arnesi più antichi della cucina messicana: fin dall'epoca azteca viene utilizzato per macinare i chicchi di mais (lasciati ammorbidire in acqua e calce). La farina viene poi impiegata nella masa, da cui si ricavavano piccole focaccine, le tortillas. La forma a quest'ultime viene data con un passaggio in un'apposita pressa, solitamente in ghisa (evitate quelle in alluminio). In Italia, dove è più opportuno preparare le tortillas con farina di frumento, è consigliabile, data la consistenza dell'impasto, stenderle con il matterello per evitare che la pasta si attacchi o si rompa. Per cuocere le tortillas viene poi utilizzato il comàl, un largo piatto in ceramica che, posto su fiamma vivace, serve anche a riscaldare tacos, quesadillas e altre vivande. Quasi tutte le pietanze prevedono l'impiego del molcajete nel corso della preparazione. Si tratta di un mortaio in basalto in cui vengono macinate le spezie prima di essere unite con pomodoro, avocado, cipolla o aglio (sempre lavorati col mortaio).

Le salse acquistano così un sapore particolare. Tra le pentole, particolarmente usata è la olla, una pentola di coccio dall'apertura abbastanza larga, utile per la preparazione di fagioli, stufati ecc. Per sostituire questi arnesi, nelle nostre cucina ci verranno certamente in aiuto, normali mortai, mixer e frullatori elettrici, taglieri e mezzelune (alcune salse vanno solo sminuzzate), pentole di coccio, padelle in ferro e in alluminio. I Condimenti Messicani L'aceto messicano viene prodotto da frutta quale banane, ananas, mele o canna da zucchero e ha quindi un sapore meno marcato di quello nostro di vino. Sarà quindi sempre meglio usare aceto di mele o, se non è possibile, diluire l'aceto di vino in acqua per attenuarne il sapore. In Messico l'olivo è stato importato dagli Spagnoli e solo ultimamente sta allargando le sue produzioni tanto da divenire competitivo verso i grassi tradizionali, spesso di origine animale. Le ricette tipiche suggeriscono infatti quasi esclusivamente l'uso di manteca, per noi traducibile a volte con margarina vegetale a volte con strutto di maiale. Meno frequente è l'utilizzo di mantequilla o burro, soprattutto usata per dolci. Se l'olio viene indicato come ingrediente si tratta soprattutto di aceite de maíz, olio di mais. Nelle ricette che vipresentiamo abbiamo preferito dove possibile sostituire i grassi animali con quelli vegetali. Che scegliate olio di oliva (nel caso è meglio quello extravergine) o di mais, vi raccomandiamo che sia ottenuto da prima spremitura a freddo, caratteristica che vi garantisce un prodotto qualitativamente valido. La cucina messicana prevede l'utilizzo di ingredienti particolari, che non sempre saranno rintracciabili al di fuori del Messico. A nostro favore c'è sicuramente il fatto che essa sta con gli anni ampliando la sua fama e i primi prodotti di importazione fanno la loro comparsa sugli scaffali di supermarket e negozi più forniti. Sempre più spesso inoltre vengono aperti locali di ispirazione messicana che si appoggiano all'esperienza di cuochi originari di quel Paese. A loro potrete in caso estremo rivolgervi per chiedere consigli e indicazioni sul rifornimento di prodotti indispensabili: scoprirete con piacere quanto questa gente riservata sia gentile e disponibile.

Vista comunque la possibile difficoltà che un amatore alle prime armi o un semplice curioso può avere nell'orientarsi tra i vari ingredienti e voci culinarie del Messico, abbiamo scelto di dedicare il prossimo capitolo a un pratico glossario che darà spiegazione e suggerirà possibili sostituzioni. Spero che questa introduzione abbia stuzzicato la vostra curiosità e che, quindi, la prossima festa o cena comprenda qualche pietanza messicana. A noi, oltre che chiaramente la presentazione delle ricette nelle prossime pagine, non resta che augurarvi buon appetito, o meglio... buen provecho. Parole E Cucina Agua de...: limón, tamarindo, jamaica, melón, papaya (facilita la digestione), de piña. Bevande rinfrescanti e dissetanti a base di frutta fresca con acqua e zucchero; più particolare l'agua de orchi ata, preparata con farina di riso, cannella e zucchero. Aguacate (avocado): è conosciuto in Messico come "il burro dei poveri". Molto utilizzato anche per minestre, oltre a essere gustato condito con un po' di sale e accompagnato da tortillas, viene tritato e mescolato con peperoncino, cipolla e pomodoro per il gustoso guacamole. L'avocado va sempre utilizzato ben maturo: allo scopo palpatelo e avvolgetelo in sacchetti di carta e, solo dopo, conservatelo in frigorifero. Antojitos: vengono impropriamente da noi tradotti come "antipasti", si tratta in realtà di stuzzichini particolarmente gustosi, spesso offerti da venditori ambulanti lungo le strade del Messico. Tacos, quesadillas, sopes, memelas, tostadas: sono pietanze di origini popolari, molto modeste, e quasi sempre a base di tortillas. Birría: capretto o agnello da latte che, condito con una salsa di peperoncini e spezie, viene stufato lentamente per ore in una pentola di coccio tenuta incoperchiata. Burritos: pietanza tipica delle regioni settentrionali, praticamente si tratta di grossi tacos preparati con tortillas di farina bianca. Vengono spesso farciti con carne di manzo essiccata e sfilacciata (machaca), arrotolati, rosolati in poco olio e accompagnati con fagioli e salse piccanti. Cacauate (arachidi): di origine messicana, vengono essiccate e macinate per essere poi utilizzate per insaporire diverse pietanze e salse, tra cui il mole.

Carnitas: carne fatta a pezzettini e cotta alla brace o stufata; viene servita con tortillas calde e salse perché ciascun commensale possa prepararsi i tacos. Cazón: pesce squalo molto utilizzato nelle preparazioni culinarie delle regioni costiere. Particolarmente prelibato è quello giovane che trova nel ceviche la giusta celebrazione. Cerveza (birra): la birra messicana non ha niente da invidiare a quellepiù note di altri Paesi. È certamente la bevanda più adatta ad accompagnare i cibi piccanti di questa cucina, meglio sicuramente del vino e dell'acqua. Può accadere che vi venga servita in un icchiere (quando non direttamente dalla bottiglia) con il bordo bagnato di lime e cosparso di sale per esaltarne il sapore. Chile (peperoncino): in Messico esistono perlomeno 100 varietà diverse di chiles e ciascuna con il suo particolare aroma è indispensabile alla buona riuscita di una pietanza tradizionale. Ci si potrà rifornire di alcuni chiles essiccati o conservati nei negozi con prodotti messicani: in particolare si trovano facilmente jalapeños, serranos e chipotle sottaceto o in salsa agrodolce, i quali si legano bene con molte pietanze e non necessitano (dato il metodo di conservazione) di preparazioni particolari. Volendo sarà poi possibile utilizzare i nostri peperoncini piccanti. Per i peperoni di grandi dimensioni si ripiegherà sulle varietà dolci (verdi o rosse), cui si farà anche riferimento se la pietanza richiede anche la `sostanza' di questo ortaggio oltre che il suo aroma piccante (salse tipo guacamole ecc.). Perché durante la cottura possano sprigionare tutto il loro aroma, è importante che i chiles subiscano un particolare trattamento prima di essere cucinati. Chiles freschi: vanno scottati in una padella, possibilmente di acciaio o antiaderente (tradizionalmente deve essere usato il comal) finché la pelle esterna non diviene uniformemente nera - meglio quindi girarli spesso, premendoli sul fondo del tegame con una spatola in legno, ma occorre fare attenzione a non bruciare la polpa, altrimenti si trasmetterà alle pietanze un sapore amaro. L'operazione potrà anche essere eseguita sulla fiamma diretta, rigirando i peperoni con delle molle. Lasciateli poi riposare per 10- 15 minuti in un sacchetto di plastica o avvolti in un panno, in modo che, `sudando', la pellicina esterna si sollevi dalla polpa permettendone un'agevole asportazione.

Se avete ancora qualche difficoltà, aiutatevi con un coltellino affilato o passate sotto acqua fredda. Oltre che dalla pellicina esterna, i peperoni vanno puliti anche dei semi (eccessivamente piccanti) e delle membrane interne. Nel caso vadano poi ripieni, fate attenzione a non rovinarli, mantenete il peduncolo e praticate un'incisione laterale per riuscire ad arrivare all'interno con un coltellino affilato; sciacquate poi per eliminare ogni residuo. Se invece andranno tagliati a filetti (rajas) o tritati, debbono subire tutto il procedimento appena spiegato. In Messico se non si ama il gusto troppo piccante di determinate varietà di chiles freschi si consiglia di farli prima macerare in una miscela di acqua, sale e aceto: lasciateli a bagno per circa 30-40 minuti e poi sciacquateli. Chiles secchi: anch'essi vanno scottati in padella lasciandoli colorire per 1-2 minuti da entrambe le parti; puliteli quindi con un panno umido e, aiutandovi con un coltellino affilato, privateli del peduncolo, dei semi e delle membrane interne. Qualora vi servano interi, non togliete il peduncolo e mondateli praticando un'incisione laterale. I chiles secchi dopo essere stati puliti possono venire tritati o frullati. Per alcune ricette vanno fatti ammorbidire in acqua tiepida per 15 minuti; l'acqua può poi essere utilizzata per la preparazione della pietanza. Se si chiede che vengano tagliati a filetti e brevemente soffritti come guarnizione finale dei piatti, non tostateli, ma puliteli semplicemente con un panno umido, quindi mondateli dai semi, tagliateli a sottili filetti e rosolateli in olio bollente. Come i chiles secchi trattate il nostro comune peperoncino rosso secco; lasciandolo debitamente ammorbidire in acqua tiepida potremo invece sostituirlo ai chiles freschi. Chorizo: salsiccia speziata di carne di maiale e mais. Ve ne sono di verdi o rosse. Per essere cucinata va liberata del budello protettivo e disfatta nel condimento. Potrete sostituirlo con altre salsicce speziate o piccanti di carne di maiale, oppure provare a preparare in casa un chorizo `nostrano' che si avvicina nel sapore a quellomessicano: in un recipiente di vetro o ceramica lasciate riposare per 10 minuti 200 g di carne di maiale grossolanamente tritata (la polpa deve essere priva di osso ma abbastanza grassa) con 1/2 bicchiere scarso di aceto di mele e 2 cucchiai di origano.

In un mortaio pestate e amalgamate 2 spicchi di aglio, 1/2 cucchiaino di sale, 1/2 cucchiaino di pepe, 2 chiodi di garofano, 1/2 cucchiaino di cannella in polvere, 1 cucchiaino di peperoncino rosso in polvere, 2-3 cucchiai di paprica. Aggiungete le spezie alla carne mescolando con le mani in modo da amalgamare bene il tutto - se non vi sembra sufficientemente rosso aumentate le dosi di paprica. Potrete usare questo chorizo subito (lasciatelo però insaporire in frigorifero per almeno 1-2 giorni), o conservarlo congelato o, aumentando le porzioni, insaccarlo in appositi budelli formando salsicce di circa 8-10 centimetri. Cilantro: è il nostro comune coriandolo (Coriandrum sativum) e assieme all'epazote e ai chiles è un aroma indispensabile per molte pietanze messicane. Crema de leche (crema di latte): molto utilizzata nella cucina messicana, è simile a una panna cremosa e acidula. Può essere da noi preparata mescolando a 1 tazza di panna fresca da cucina 2 cucchiai di yogurt naturale freschissimo. Lasciate riposare il composto in un recipiente coperto e a temperatura ambiente sin quando non inizierà a gonfiarsi, quindi riponete in frigorifero (si mantiene per 2-3 giorni). Epazote: è il chenopodio (Chenopodium ambrosoides), dall'aroma molto forte simile a quello della cedronella. Utilizzato soprattutto nella preparazione dei fagioli, sopas, funghi e verdure, può essere sostituito con coriandolo o con un misto di origano e timo. Escabeche: particolare metodo di cucina, che consiste nel fare marinare gli alimenti (verdure, pesce...) con aceto e aromi. Fidéos: pasta di grano tenero simile agli spaghetti, reperibile in vari formati (grossi, sottili ecc.). Il procedimento di cottura è completamente diverso da quello normalmente utilizzato da noi italiani (a eccezione di qualche zuppa genovese). La pasta, infatti, dopo essere stata spezzata, viene fatta rosolare in un condimento di olio e peperoncino sin quando non prende un bel colore dorato uniforme (mai troppo scuro altrimenti diviene amara). A questo punto viene scolata e nel tegame di cottura viene preparato il sugo. Quando la salsa avrà acquistato sapore, la si allunga con acqua o brodo e si rimettono i fideos a cottura mescolando sinché non avranno assorbito il liquido e risulteranno teneri.

Se vengono invece impiegati per la preparazione di una zuppa occorrerà aumentare le dosi di liquido. Possono essere sostituiti con pasta all'uovo. Flor de calabaza (fiori di zucchina): sono tra le verdure più impiegate nella cucina messicana. Considerati una prelibatezza, sono spesso ingrediente principale di zuppe, contorni, ripieni per tacos e quesadillas ecc. InMessico vengono venduti anche in scatola. Frijoles (fagioli): ne esistono diverse varietà ma sicuramente i più diffusi sono quelli piccoli e neri, venduti anche in Italia come "fagioli messicani". Frutas (frutta): menzione particolare merita la frutta esotica messicana, dal sapore squisito che è facile trovare anche in Italia nelle rivendite più fornite. Papaie, ananas, manghi, mamey di importazione non riusciranno però mai a eguagliare la bontà degli stessi frutti assaggiati nella loro terra di origine. Guacamole: salsa a base di avocado, cipolla, pomodoro e peperoncino, a piacere condita con olio. Utilizzata in genere per accompagnare antojitos può anche essere servita da solo con totopos. Hierba buena: è la Mentha spirata, molto utilizzata come erba aromatica. Huitlacoche: fungo parassita del mais di colore nerastro; è uningrediente prelibato di zuppe e quesadillas. Al di fuori del Messico il fungo viene distrutto dagli agricoltori al suo comparire, quindi lo si può trovare solo in scatola nei negozi forniti di prodotti messicani. Jamaica: più noto come carcadè, è il fiore dell'ibisco, che viene utilizzato secco per la preparazione di una bevanda dissetante servita ghiacciata. Lime: piccoli limoni verdi, dal profumo particolarmente aromatico. A volte, i cuochi messicani lo utilizzano al posto del sale. La varietà più apprezzata è quella leggermente amara della penisola dello Yucatan. Per noi saranno sicuramente più facilmente rinvenibili lime di provenienza persiana. Liquados: frappè a base di frutta fresca messicana (banane, mamey, noci, pinoli, papaia, cacao ecc.), latte e zucchero. Squisiti e nutrienti sono di facile preparazione: gli ingredienti (si aggiungono a volte anche uova) vengono frullati e il tutto va servito ben freddo. Maguey: Agave americana, fin dai tempi degli aztechi utilizzato (assieme ad altre specie dello stesso genere) per la preparazione di bevande alcoliche quali pulque, tequila e mezcal.

Le foglie di maguey, fatte bollire in uno sciroppo di zucchero grezzo, vengono anche usate per la preparazione di dessert. Una particolarità: nelle regioni del Centro un verme parassita del maguey, essiccato e macinato con sale, viene usato per aromatizzare mezcal e altri cocktail, oltre che salse per tacos. Masa: impasto-base di farina di mais e acqua per la preparazione delle tortillas. I chicchi di mais secchi prima di venire macinati vengono bolliti in acqua con cristalli di ossido di calcio per agevolare l'asportazione della pellicola esterna coriacea. In Messico si può acquistare fresca in panetteria o surgelata nei supermarket. In Italia sarà meglio usare le tortillas di mais precotte vendute nei negozi specializzati o preparare un impasto con farina bianca. Mezcal: acquavite messicana ottenuta dalla prima distillazione del succo fermentato di Agave tequilana (e altre specie affini). Mole: miscela di spezie (cioccolato, semi di zucca, pomodori, semi di sesamo...) caratterizzata dalla presenza di peperoncino che, diluita con brodo, è base di una squisita salsa di accompagnamento per tacchino o pollo. Ne esistono tipi differenti: i mole negro e coloradito vengono arricchiti con cacao; il verde è invece a base di verdure, tomates verdes ed erbe aromatiche. Un mole preparato secondo tradizione contiene fino a 50 ingredienti diversi e, per rendere più agevole la preparazione di questa salsa, in Messico vengono vendute confezioni di preparato già pronto. Nopales: spatole piatte di cactus simile al fico d'India che, pulite dalle spine e bollite per una decina di minuti, vengono tritate assieme a cipolla e utilizzate per farcire i tacos. Rappresentano una pietanza tipica della cucina tradizionale azteca. Oregano: con questo nome i Messicani non intendono propriamente il nostro Origanum sativum (che rimane comunque il miglior sostituto) bensì erbe aromatiche dei generi Polimentha e Lippia. Pan dulce (brioches): esistono diverse varietà di `pane dolce', con svariate forme e dimensioni, che accompagnano le prime colazioni dei Messicani e che sono un residuo dell'influenza spagnola. Alcuni tipi particolari servono poi per celebrare ricorrenze e festività. Pozole: zuppa di maiale e mais.

La pietanza - come molte altre giunte ai nostri giorni - con tutta probabilità nacque dall'esigenza di alcune suore spagnole di allestire un pranzo in occasione di un'importante festività religiosa utilizzando i pochi prodotti locali. Panuchos: tortillas imbottite a mo' di panino. Piloncillo: zucchero grezzo che in Messico viene venduto in coni eche prima di essere utilizzato va grattugiato. Può essere sostituito con zucchero grezzo in cristalli o zucchero di canna. Pulque: bevanda originaria messicana a basso tenore alcolico e a base di linfa fermentata di specie di Agave. Spesso viene servito mischiato a frutta ed è anche utilizzata per cucinare determinate pietanze. Quesadillas: tortillas di mais fritte e ripiene di patate, formaggio (da cui il nome), carne, verdure o funghi. Se vengono usate tortillas di farina bianca, limitatevi a scottarle in una padella senza condimento. Queso (formaggio): è quasi impossibile trovare in Italia i formaggi tipici messicani, vediamo quindi alcune possibili sostituzioni. Al posto del queso anejo si può usare del formaggio stagionato o semistagionato saporito, come pecorino, grana o asiago; il queso fresco è un formaggio fresco leggermente friabile e saporito che trova un buon sostituto nella feta greca (risciacquata dal sale); la mozzarella può invece essere usata al posto di un altro formaggio fresco, il queso panela. Sopes: tortillas più grandi del normale alle quali vengono aggiunti fagioli, formaggio, coriandolo e salsa. Tacos: tortillas sottile e morbida che ci si sbizzarrisce a farcire con fagioli, carne, salsa, verdure, funghi ecc. Conditi con diverse salse (messicana, guacamole...), in Messico vengono offerti dappertutto agli angoli delle strade. Tamales: il tamal è considerato in genere un piatto da fiesta. Si tratta di una pasta preparata con lo stesso impasto (masa) delle tortillas, farcita con chili (carne in salsa piccante) o mole con pollo, avvolta in foglie di mais o banano e cotta a vapore. Esistono anche tipi di tamales dolci, arricchiti con uva passa, in genere serviti con atole. Tequila: acquavite ottenuta dalla seconda fermentazione della linfa zuccherina di Agave tequilana (dalla prima si ottiene il mezcal), simile alla vodka per il grado alcolico e il colore chiaro, che diviene giallastro con l'invecchiamento.

I Messicani la bevono pura, come aperitivo prima del pranzo. In genere viene servita in piccoli bicchieri e il gusto viene esaltato dal sale e dal succo di lime con cui si accompagna. È anche molto usata per la preparazione di cocktail di fama internazionale, come la margarita o il tequila sunrise. Tomates o jitomate (pomodoro): ha largo impiego nella cucina messicana. Nelle ricette delle prossime pagine abbiamo consigliato sempre di usare pomodori sodi e maturi che in genere vengono tuffati in acqua bollente e privati della pellicina esterna. Eventualmente si possono sostituire con pelati o, se la ricetta richiede che dopo vengano frullati, con passata di pomodoro. Tomates verdes: malgrado il nome faccia pensare ai pomodori e siano della stessa famiglia botanica, si tratta di un frutto, molto simile all'uva spina. Prima di essere cucinato va mondato del rivestimento esterno (una membrana pergamenacea) e bollito per una decina di minuti; in genere viene poi frullato o tritato prima di essere utilizzato nelle pietanze. Ha un sapore gradevole, agrodolce, che ben si sposa con quello piccante del peperoncino con cui si accompagna. Viene chiamato anche tomatillo. Tortas: tranci di pane lungo e stretto (tipo la baguette francese) superimbottiti con formaggio, insalata, pomodoro, cipolle, uova, tacchino, pollo ecc. Tortillas: per i Messicani rappresenta il pane e il piatto con cui accompagnare le pietanze. Viene preparata con la masa, impasto di farina di mais, acqua e sale, da cui si ricavano sottili piadine larghe circa 10 centimetri. In Italia è però difficile riuscire a trovare una farina di mais di giusta macinatura ed è quindi meglio usare quella difrumento. La tortilla è base indispensabile per diverse altre pietanze messicane: tacos, tostadas, enchiladas ecc. Tostadas: tortillas di mais fritte lasciate raffreddare e utilizzate come supporto per strati di carne sfilacciata, insalata tagliata a listarelle, salse di vario tipo ecc. Totopos: piccoli pezzetti triangolari di tortillas di mais, fritti in olio bollente fino a renderli ben croccanti e poi usati freddi come crostini e chips.

AVVERTENZA ALLE RICETTE Le dosi delle ricette presentate nelle prossime pagine si riferiscono a 46 persone. Per qualsiasi ingrediente sconosciuto o fase di preparazione `estranea' alle nostre abitudini, Vi invitiamo a consultare il glossario.

Forza... Iniziamo !

TORTILLAS Come abbiamo già avuto modo di accennare nella parte introduttiva, sarà difficile per noi riuscire a ottenere una farina di mais che si avvicini a quella messicana per impastare la masa. Ricorreremo quindi a un impasto con farina di frumento che si avvicina il più possibile perlomeno al tipo di tortillas presenti nel Nord del Paese. Per quanto riguarda le tortillas di mais, indispensabili per enchiladas, chilaquiles, tostadas ecc., vi consigliamo di acquistare il tipo confezionato e precotto presso negozi specializzati in prodotti messicani. Una raccomandazione: poiché si rompono facilmente, prima di farcirle o ripiegarle è meglio tuffarle per 5-10 minuti in una casseruola in cui avrete portato a bollore acqua e 1-2 cucchiai di olio. Lasciate sobbollire piano sinché al tatto non si sentono ammorbidite (attenzione a non esagerare). Se si possiede un forno a microonde, basterà azionarlo per 15-20 secondi introducendo 2 tortillas per volta disposte su un piatto. Ma passiamo ora alla preparazione delle tortillas di farina bianca: mischiate 500 g di farina di frumento con un pizzico di sale, quindi dispo- netela a fontana e lavoratela con 3 cucchiai di olio di oliva (o margarina vegetale fatta prima ammorbidire e tagliata a pezzettini) e tanta acqua quanta ne sarà necessaria a ottenere un impasto omogeneo e della consi- stenza di quello per la pizza. Mantenendo il piano di lavoro ben infarinato stendete un po' di pasta alla volta, quindi ritagliate dei dischi che tirerete con il matterello a un diametro di circa 12-15 cm di diametro e il più sottile possibile (evitando però lacerazioni). In Messico si usa una particolare pressa in ghisa per dare la forma, se ce l'avete utilizzatela con attenzione perché spesso l'impasto vi risulterà più elastico di quello originale; abbiate anche l'accortezza di predisporre dei foglietti di plastica trasparenti sopra e sotto le palline di pasta che toglierete a operazione conclusa. Scaldate una padella di ferro o di alluminio (o, meglio ancora, il comal) su fiamma vivace e cuocete una tortillas alla volta rigirandola velocemente su ambo i lati: solo i bordi devono leggermente seccarsi e colorirsi, mentre per il resto la tortillas deve mantenersi morbida, elastica e bianca. Man mano che saranno pronte formate una pila che coprirete con un tovagliolo.

Nel caso con la masa vogliate preparare picaditas o quesadillas, non tirate eccessivamente la pasta, così da ottenere focaccine di 7-10 cm di diametro. SALSE Le salse messicane si suddividono principalmente in salse frullate e sminuzzate. Le prime possono essere preparate con il frullatore e solitamente risultano molto liquide. Le seconde sono più sode perché gli ingredienti vengono tritati e assumono più l'aspetto di una macedonia di verdure. Le salse sminuzzate vengono usate soprattutto per accompagnare carni alle braci o impanate e come guarnizione.

GELATINA DI PEPERONCINO PICCANTE 5 medi peperoni jalapenos 2 piccoli peperoni Verdi a campana e 1 piccolo rosso 6 tazze di zucchero 2 tazze di aceto di mele 1 bottiglia da 6 ounce o 2 sacchetti da 3 ounce di pectina liquida qualche goccia di colorante alimentare verde o rosso (opzionale) 6 vasi da conserva da half pint o vasi da marmellata Indossando i guanti di gomma aprire e allargare i peperoni, privarli dei semi e tritarli accuratamente. Ripetere il procedimento con I peperoncini verdi e rossi. Mettere tutti i peperoni in un frullatore e tritare finchè saranno ridotti in crema. In una pentola larga miscelare la crema di peperoni lo zucchero e l'aceto a fuco alto. Quando inizia a ribollire, mescolando continuamente,aggiungere la pactina e riportare a forte bollore. Far bollire esattamente un minuto. Togliere dal fuoco, aggiungere il colorante se si vuole, schiumare e mettere immediatamente nei vasetti da half-pint; completare la sterilizzazione bollendo in acqua per 10 minuti o sigillando i vasetti con la paraffina.

GUACAMOLE 1-2 avocadi ben maturi, 1-2 chiles serranos, 2 pomodori maturi e sodi, 2-3 gambi di coriandolo, il succo di 1/2 limone, 1/2 cipolla piccola, 1 spicchio di aglio (facoltativo), sale. In genere si sconsiglia di preparare il guacamole con il frullatore, poiché gli ingredienti vengono troppo sminuzzati. Meglio piuttosto utilizzare una forchetta o la mezzaluna. Mondate gli avocado, scavate la polpa e sminuzzatela. Mescolatela poi con delicatezza assieme alla cipolla e all'aglio finemente tritati, ai pomodori tagliati a cubetti e ai peperoni a fettine sottili. Insaporite con un trito di coriandolo e succo di limone a proprio piacere; salate solo al momento di servire per non rischiare di fare annerire l'avocado. Il guacamole, oltre che per guarnire tacos e tostadas può essere servito come antipasto accompagnandolo con totopos o crostini, oppure usato come salsa di accompagnamento per carni alla brace e impanate. Eventualmente è possibile arricchirlo con 1-2 cucchiai di olio di oliva. Se non si ha la possibilità di utilizzare i chiles tradizionali, potrete ovviare con 1 peperoncino verde fresco piccante (o uno rosso essiccato fatto ammorbidire in acqua calda) e usarne I verde dolce per dare la giusta consistenza e arricchire la salsa di `verde' come vuole la tradizione.

SALSA ALLE CIPOLLE: 500 g di cipolle rosse, 2 spicchi di aglio, 2 foglie di alloro, 1 mazzetto aromatico (timo, maggiorana, origano...), 1 peperoncino verde piccante fresco, il succo di 2 limoni, 2 cucchiai di olio, sale, pepe. Mondate e affettate sottilmente le cipolle, quindi fatele soffriggere in una padella con l'olio. Prima che prendano colore unite il succo di limone diluito in un po' di acqua, gli aromi finemente tritati, il peperoncino mondato e tagliato a filetti sottili, sale e una macinata di pepe. Lasciate ammorbidire le cipolle, quindi spegnete. Il succo di limone può essere sostituito con 1/2 bicchiere di aceto di mele.

SALSA ALLE NOCI: 100 g di gherigli di noci, 200 g di formaggio fresco tipo feta, 1 tazza e 1/2 di latte, 1 tazza di panna da cucina, 2 cucchiai di zucchero, sale. Pulite i gherigli di noce dalla pellicina esterna dopo averli lasciati immersi in acqua bollente per 10 minuti, quindi lasciateli riposare nel latte per tutta la notte. Scolate le noci e frullatele con tutti gli altri ingredienti fino a ottenere un composto omogeneo. Se la salsa risultasse troppo densa, diluitela con un po' del latte di macerazione.

SALSA ALLE OLIVE E PEPERONI 2 scatole di olive nere snocciolate 8 o 10 peperoni poblano, arrostiti, pelati e tritati, circa 1 tazza 3 scalogni, tagliati a pezzi di 1 inch di lunghezza 1 piccolo pomodoro, tagliato in quarti e scolato 2 cucchiai di olio 2 cucchiai di aceto di mele 1 cucchiaio di prezzemolo fresco tritato Mettere tutti gli ingredienti in un mixer e tritare grossolanamente. Servire come salsa per jicama affettate e/o tortillas.

SALSA ALL'ORIGANO: 300 g di pomodori maturi e sodi, 2 chiles chipotles, 1/2 cipolla piccola, 1 cucchiaino di origano secco o 2 rametti di origano fresco, 1 cucchiaino di sale. Pulite i peperoncini con un panno umido, scottateli in una padella di ferro per pochi minuti e poi lasciateli riposare in acqua calda (appena da ricoprirli) per una decina di minuti come indicato a pag. 11. Tuffate i pomodori in acqua bollente per privarli facilmente della pellicina esterna e frullateli con la cipolla. Amalgamate poi alla salsa un trito finissimo di peperoncini e l'origano, insaporite con il sale e lasciate riposare un poco prima di servire.

SALSA CALDA: 400 g di pomodori maturi e sodi, 1/2 cipolla, 2 peperoncini verdi piccanti, 2 cucchiai di olio, 1/2 tazza di crema di latte, sale. Rosolate la cipolla e i peperoncini finemente tritati nell'olio, quindi mettete a cottura anche i pomodori puliti dalla pellicina esterna e tritati e fate asciugare su fiamma vivace. Prima di spegnere salate e versate la crema mescolando con cura. Lasciate riacquistare calore prima di servire.

SALSA CRUDA DI POMODORO: 300 g di pomodori maturi e sodi, 2 peperoncini verdi piccanti, 1/2 cipolla piccola, 1 ciuffo di coriandolo, 1 cucchiaino di sale. Scottate per pochi istanti i pomodori in acqua bollente così da riuscire a privarli facilmente della pelle, quindi puliteli dai semi e tritateli (o passateli brevemente al mixer) con i peperoncini e la cipolla. Insaporiteli con il coriandolo e sale.

SALSA DI FAGIOLI: 500 g di fagioli messicani lessati e la loro acqua di cottura, 1/2 cipolla piccola, 1/4 1 di panna da cucina, 2 cucchiai di olio d'oliva, sale. Potrete comunque impiegare la varietà di fagioli più facilmente a vostra disposizione che lesserete secondo le indicazioni di pag. 52 o usare quelli in scatola con il liquido di conservazione. Frullate i fagioli fino a ottenere una crema che, se non sufficientemente liquida, allungherete con un po' di acqua. In un tegame scaldate l'olio e rosolate la cipolla a pezzi; versate la crema e lasciatela scaldare per alcuni minuti. Salate e, prima di spegnere, togliete la cipolla e diluite con la panna. Questa salsa può essere usata in sostituzione dei più tradizionali fagioli schiacciati per insaporire tacos, tostadas e panini.

SALSA DI POMODORO E AVOCADO: 300 g di pomodori maturi e sodi, 2 avoc adi, 1/2 cipolla piccola, 1 ciuffo di coriandolo, 2 peperoncini verdi piccanti, sale. Tuffate i pomodori in acqua bollente per privarli della pellicina esterna e tritateli finemente. In una scodella mescolateli a cipolla, coriandolo e peperoncini tutti finemente tritati. Insaporite con il sale e, in ultimo, in modo che non scurisca, unite anche la polpa di avocado tritata.

SALSA DI TOMATES VERDES: 500 g di tomates verdes, 3 chiles serranos, 1 spicchio di aglio, 1/2 cipolla piccola, 1 ciuffo di coriandolo, I cucchiaino di sale. Pulite i peperoncini del peduncolo e poneteli a cuocere assieme ai tomates puliti dal calice esterno e a 3 tazze di acqua. Lasciate sobbollire per 10 minuti, quindi scolate la verdura e frullatela con aglio, cipolla, sale e 1/2 tazza dell'acqua di cottura. In ultimo unite il coriandolo tritato e lasciate insaporire e raffreddare prima di utilizzare. La stessa ricetta può essereutilizzata per preparare una salsa cotta di pomodoro (sostituite i tomates con una uguale quantità di pomodori maturi).

SALSA MESSICANA: 3 pomodori maturi e sodi, 1 cipolla, 3 chiles serranos, 1 manciata di coriandolo, il succo filtrato di 1/2 limone, sale. Mondate i peperoncini come indicato a pag 11. Private i pomodori della pellicina esterna e tritateli molto finemente. In una scodella mescolateli con i peperoncini, la cipolla e il coriandolo tutti finemente tritati, il succo di limone e sale. Coprite e lasciate riposare per almeno 1 ora prima di servire.

SALSA PICCANTE: 5 chiles pasillas, 1/2 cipolla, 5 spicchi di aglio, 1/2 tazza di aceto di mele, 1/2 cucchiaino di maggiorana, 1/2 cucchiaino di origano, 1/2 foglia di alloro, 1 chiodo di garofano, 2 grani di pepe, 1/2 bicchiere di olio di oliva, 1 cucchiaino di sale. Aprite i peperoncini e puliteli dai semi e dalle membrane interne, quindi tostateli in una padella di ferro assieme agli spicchi di aglio e alla cipolla a pezzetti. Passate tutto in una pentola unendo l'aceto, aromi e spezie e lasciate sobbollire piano per circa 20 minuti, poi frullate tutto fino a ottenere un composto omogeneo cui, mescolando, emulsionerete l'olio e il sale. Prima di consumare lasciate insaporire per mezz'ora. Volendo potrete conservare la salsa dopo averla travasata in bottiglie a chiusura ermetica e debitamente sterilizzate. Questa salsa piccante la si trova facilmente anche nei negozi specializzati: se ben conservata dura illimitatamente e ne basta anche solo uno spruzzo per insaporire carni, verdure o altre pietanze a vostro gusto.

SALSA ROSSA: 50 g di chiles mulatos, 1 arancia molto succosa, 1 spicchio di aglio, 1/2 cipolla piccola, sale. Aprite i peperoncini privandoli di semi e pellicine interne, quindi scottateli e lasciateli in ammollo coperti di acqua calda per 10 minuti circa come indicato a pag. 11. Lavorateli poi in un mortaio con lo spicchio di aglio fino a ottenere un composto omogeneo che diluirete con il succo di arancia filtrato. In ultimo insaporite con sale e con la cipolla finemente tritata.

SALSA UBRIACA (Salsa borracha): 100 g di chiles pasillas, 2 spicchi di aglio, 1/2 cipolla piccola, 100 g di formaggio stagionato piccante, 1/4 l di pulque (o birra mista a tequila), sale. Aprite i peperoncini, scottateli e puliteli come indicato a pag. 11, poi lasciateli a bagno in acqua calda per 10-15 minuti e lavorateli in un mortaio con l'aglio spezzettato e il pulque fino a ottenere un composto omogeneo e giustamente liquido. Aggiustate di sale e servite in una salsiera guarnendolo con la cipolla finemente tritata e il formaggio grattugiato. È quasi impossibile trovare del pulque in Italia, essendo un fermentato che si consuma fresco. In sua sostituzione potrete utilizzare una miscela di birra (per dare la giusta consistenza) aromatizzata con uno spruzzo di tequila.

SALSA VERDE: 300 g di tomates verdes, 2 peperoncini verdi piccanti freschi, 2 spicchi di aglio, 1/2 cipolla piccola, 1 ciuffo di coriandolo, 1 tazza di brodo, sale. Portate a bollore una pentola con 2 tazze di acqua e mettete a cuocere i tomates puliti dal rivestimento esterno, i peperoncini mondati dal peduncolo e l'aglio. Dopo 10 minuti scolate tutto e frullatelo con la cipolla. Insaporite con sale e il coriandolo finemente tritato, e allungate con il brodo. In Messico questa salsa viene spesso utilizzata per la preparazione di enchiladas; nel caso aumentate la dose di brodo in modo che risulti piùliquida.

ZUPPE CREMA DI MAIS (Crema de elote) 300 g di mais in chicchi, 3 gambi di sedano, 2 porri, 2 cucchiai di farina, 1/2 l di latte, 50 g di burro, sale. Se utilizzate mais in pannocchie (con chicchi teneri) e non in scatola, abbiate l'accortezza di scottarli prima in acqua salata. Iniziate a preparare ma crema blanca, che nella cucina messicana è base di partenza per numerose minestre. In una casseruola sciogliete il burro, quindi unite il porro e il gambo di sedano, mondati e tagliati a pezzi, lasciandoli soffriggere per qualche minuto. Stemperate la farina nel condimento e versate il latte, mescolando con cura in modo che non si formino grumi. Non appena la crema prende il bollore eliminate porro e sedano: se dovesse risultare troppo liquida lasciatela sobbollire più a lungo, in caso contrario diluitela con un po' di latte caldo. Frullate la crema bianca con i chicchi di mais, quindi, se desiderate eliminare le pellicine, passate tutto al setaccio. Salate e scaldate la crema su fiamma bassa prima di servirla. Alcuni aggiungono una crema anche fiori di zucchina mondati, grossolanamente tritati e stufati con un po' di olio.

ZUPPA DI FIORI DI ZUCCHINA 250 g di fiori di zucchina, 250 g di zucchine novelle, 70 g di chicchi di mais lessati, 2 chiles poblanos (o serranos), 1/2 cipolla piccola, 1/2 tazza di crema di latte, 1 l di brodo, 30 g di burro, sale. Mondate la verdura: tagliate le zucchine a tocchetti; pulite i fiori del peduncolo e dei pistilli e tritateli grossolanamente; preparate i peperoni seguendo le indicazioni di pag. 11 e riduceteli in sottili filetti; sgranate le pannocchie. Rosolate la cipolla finemente tritata nel burro e, non appena sarà diventata trasparente, unite il resto delle verdure e, mescolando, lasciate insaporire bene. Abbassate la fiamma e portate a cottura a tegame coperto e fiamma bassa. Prima di spegnere unite il brodo caldo, salate e lasciate sobbollire ancora per 5 minuti. Versate la crema di latte in una zuppiera, diluitela con un po' di minestra, quindi, mescolando, versate anche il resto e servite immediatamente.

ZUPPA DI FUNGHI (Sopa de huitlacoche) 150 g di funghi huitlacoche (freschi o in scatola), 1/2 cipolla piccola, 2 spicchi di aglio, 2 rametti di epazote, 2 cucchiai di farina, 1/2 l di latte, 1/4 l di panna, 1/2 l di brodo di pollo, 50 g di burro, sale. Iniziate con il preparare una crema bianca di base: in una casseruola lasciate sciogliere il burro, unite la cipolla e l'aglio finemente tritati e, prima che prendano colore, stemperate con cura la farina nel condimento. Senza smettere di mescolare versate il latte caldo, poco per volta, in modo che non si formino grumi, quindi unite anche il brodo e i funghi che avrete frullato con un po' di brodo. Lasciate scaldare la zuppa su fiamma moderata per 5 minuti, insaporendo con sale e un trito finissimo di epazote. In ultimo amalgamate anche la panna; lasciate riprendere il bollore e servite ben calda.

ZUPPA DI GRANTURCO E PEPERONI 4 tazze granturco fresco 1 tazza brodo di pollo 2 cucchiaio tav di burro 2 tazze latte sale e pepe 2 cucchiai tav peperoni medi verdi (Poblano or Anaheim)arrostiti, pelati tritati tortillas1 tazza formaggio Monterey Jack, grattugiato Prezzemolo fresco per guarnire Staccare, con un coltello appuntito, I chicchi di granturco dal tutolo; metterli assieme al brodo in una pentola e mescolare fin quando cominciano a separarsi I cuori del grano. A questo punto filtrare il composto in un tegame cercando di estrarre la maggior quantità di liquido possibile. Gettare le bucce del granturco. Aggiungere il burro e scaldare dolcemente per 5 minuti, mescolando sempre. Aggiungere il latte e aggiustare di sale e pepe a piacere. Aggiungere I peperoni e scaldare per un minuto ancora per mescolare I sapori. Servire mettendo 3 o 4 pezzi di tortilla sul fondo dei piatti. Disporre alcuni cucchiai di formaggio Jack sopra le tortillas. Mettere sopra qualche mestolo di zuppa e guarnire con prezzemolo.

ZUPPA DI PASTA E FAGIOLI 150 g di pasta all'uovo, 250 g di pomodori pelati, 100 g di fagioli già cotti (vedi pag. 52), 1 cipolla piccola, 1 spicchio di aglio, 1 rametto di epazote, 1/2 cucchiaino di origano secco, 50 g di formaggio stagionato piccante, 2 uova sode, olio, sale. Scaldate 2 cucchiai di olio in un tegame e, mescolando, rosolate gli spaghetti spezzati sinché acquistano un leggero colore dorato; scolateli bene e teneteli da parte. Frullate i pelati con la cipolla, l'aglio, l'epazote, l'origano e i fagioli lessati con il loro liquido di cottura. Passate poi il composto in una casseruola in cui avrete scaldato 2 cucchiai di olio, allungate con circa 1 l di acqua calda, salate e mettete a cottura anche la pasta. Mescolando lasciate sobbollire circa 20 minuti, sin quando la pasta non sarà cotta: la zuppa non dovrà risultare né troppo densa né troppo liquida. Scodellate e guarnitela con il formaggio grattugiato e fette di uovo sodo. Alcune versioni aggiungono un po' di pancetta affumicata nel soffritto iniziale

ZUPPA DI PESCE 250 g di pomodori pelati, 200 g di carote, 200 g di patate, 4 chiles cuaresmeños, 1 cipolla, 1 ciuffo di prezzemolo o coriandolo, 2 spicchi di aglio, olio di oliva, sale. Per il brodo: 300 g di pesce in tranci, 1 piccolo pagro, 1 cipolla, 1 spicchio di aglio, un mazzetto odoroso (prezzemolo, sedano, alloro...), 1 limone, sale. Pulite il pesce e lessatelo in 1 l di acqua con il limone tagliato in spicchi, aglio, cipolla, il mazzetto odoroso e sale; non appena sarà cotto, lasciate raffreddare, quindi scolate il pesce e pulitelo da pelle e lische sminuzzando la polpa, poi filtrate il brodo. Mondate carote e patate, lessatele al dente in acqua salata e tagliatele a cubetti. Pulite i chiles, scottateli e tagliateli in sottili filetti come indicato a pag. 11, quindi rosolateli in poco olio con un trito fine di aglio e cipolla. Non appena il soffritto inizia a prendere colore mettete a cottura i pomodori finemente tritati. Lasciate asciugare un po' la salsa, quindi diluitela con il brodo caldo e unite la polpa del pesce, le verdure a cubetti e un trito fine di prezzemolo. Salate e lasciate sobbollire per una decina di minuti prima di spegnere.

PRIMI PIATTI BRODO DELLA VIGILIA (Caldo de Vigilia) 250 g di baccalà già bagnato, 500 g di spinaci, 500 g di ceci, 150 g di passato di pomodori, 1 patata grossa, 2 porri, 1 cipolla, 2 spicchi di aglio, 1/2 cucchiaino di peperoncino in polvere, 1 cucchiaio di farina, olio di oliva, sale. Lasciate in ammollo i ceci con un pizzico di bicarbonato per tutta la notte. Il giorno dopo mettete al fuoco una pentola di acqua con i ceci, l'aglio, i porri e 1/2 cipolla intera. Lasciate bollire su fiamma bassa percirca 1 ora e 1/2, quindi unite il baccalà a pezzi e proseguite per altri 30 minuti. Aggiungete ora al brodo gli spinaci ben lavati e la patata sbucciata e tagliata a cubetti e, dopo altri 15 minuti, una salsa preparata rosolando la cipolla rimasta tritata in 3-4 cucchiai di olio e unendo poi il passato di pomodoro, la farina e il peperoncino. Aggiustate di sale e proseguite la cottura per altri 15 minuti; al termine i ceci devono risultare teneri ma non disfarsi.

CREMA DI AVOCADO 4 avocadi maturi e grossi, 2 tuorli d'uovo, 1l di brodo di pollo, 1 ciuffo di coriandolo, 1 cucchiaio di succo di limone, 1/2 tazza di crema di latte, sale, pepe. Mondate gli avocado e frullatene la polpa insieme con i tuorli d'uovo, sale, pepe, coriandolo e un po' di brodo. Al momento di servire, in una zuppiera amalgamate la crema di avocado con quella di latte, quindi diluite il tutto con il brodo bollente e servite immediatamente. La crema può anche essere servita ben ghiacciata.

PAELLA ALLA MESSICANA 400 g di riso parboiled o arborio, 150 g di chorizo (vedi pag. 12), 1 piccolo pollo, 200 g di polpa di maiale, 100 g di gamberetti sgusciati e lessati, 200 g di peperoni dolci misti, 100 g di piselli freschi, 1 cipolla, 2 spicchi di aglio, 1 peperoncino verde piccante, 2 bustine di zafferano, 1 l di brodo, olio, sale. In un tegame rosolate la cipolla a quarti e 1 spicchio di aglio, quindi unite il pollo e la polpa di maiale tagliati a pezzi; cuocete a fiamma bassa, spegnendo prima che siano perfettamente cotti. Lasciate il riso a bagno in acqua per 5 minuti, lavatelo e scolatelo, poi rosolatelo in un ampio tegame con poco olio; unite il pollo, il maiale e il chorizo tagliato a fettine. Mescolate con delicatezza e, dopo qualche istante, aggiungete i piselli e i peperoni dolci tagliati a listarelle e quello piccante a filetti. Unite anche lo zafferano sciolto in un mestolo di brodo caldo e il resto del brodo, quindi proseguite la cottura a tegame coperto e fuoco basso. Di tanto in tanto smuovete il recipiente per i manici perché il riso non si attacchi sul fondo; 5 minuti prima di spegnere salate e aggiungete anche i gamberetti. Lasciate riposare a fuoco spento prima di servire.

PASTA CON PEPERONI FRESCHI E SALSA DI POMODORO 8 ounces seccche o 12 ounces fresche fettuccine o linguine 10 pomodori a pera tagliati in quarti 1/3 tazza buon olio d'oliva 3 spicchi d'aglio tritati 1 cucchiaino the origano o 2 di fresco 2 piccoli freschi peperoncini tritati sale e pepe Parmigiano grattugiato Cuocere la pasta in acqua bollente salata. Scaldare l'olio in una padella, aggiungere i pomidoro, l'aglio, l'origano, il peperoncino, il sale e il pepe. Soffriggere a fuoco medio per circa 5 minuti o finchè i pomidoro siano cotti ma mantengano ancora la forma. Mescolare in una larga terrina ricaldata la salsa e la pasta scolata rimescolare il tutto e servire immediatamente. Grattugiare sopra il parmigiano.

RISO ALLA MESSICANA (Arroz a la mexicana) 250 g di riso parboiled o arborio, 250 g di pomodori maturi, 1 cipolla piccola, 2 chiles serranos, 2 spicchi di aglio, qualche gambo di coriandolo o prezzemolo, olio di oliva, sale.Quello che vi presentiamo è soltanto uno dei molti modi di preparare il riso alla messicana. Tutti hanno in comune la presenza di pomodori e cipolla e possono essere variamente piccanti (la dose di chiles può aumentare o diminuire a vostro gusto) o arricchiti anche da piccoli piselli (100 g sgusciati), carote (100 g a cubetti) o patate (100 g a cubetti). Lasciate il riso a bagno per 5 minuti in acqua calda, poi lavatelo finché non rimarrà traccia di amido, In una casseruola scaldate 2-3 cucchiai di olio, unite un trito fine di cipolla e aglio e, non appena si saranno ammorbiditi, versate il riso ben scolato e mescolate. Rosolate il tutto in modo uniforme, quindi unite i pomodori che avrete privato della pellicina esterna (tuffandoli per pochi istanti in acqua bollente) e tritato finemente. Lasciate insaporire, bagnate con 1/2 1 di acqua calda e condite con sale e coriandolo tritato. Coprite e fate prendere il bollore su fiamma vivace, quindi abbassate e proseguite la cottura per circa 20 minuti a pentola coperta e senza mescolare, sinché i chicchi non risulteranno ben asciutti e sgranati. Una decina di minuti prima di spegnere, se avete deciso di utilizzarli, unite i piselli e le carote già lessati in acqua salata. Durante la cottura mescolate poco: i chicchi devono risultare ben sgranati e il riso non deve avere l'aspetto cremoso dei nostri risotti. Servite in un piatto di portata guarnendo con i peperoncini aperti a metà nel senso della lunghezza e appoggiati sopra, in modo che il riso ne assorba l'aroma; potrete utilizzare anche i serranos en escabeche, sgrondandoli bene del liquido, mentre quelli freschi andranno puliti secondo le indicazioni di pag. 11. Per una cottura regolare contate che per ogni tazza di riso ne occorrono 4 di acqua o brodo. Se per caso utilizzate riso messicano o riso integrale aumentate i tempi di ammollo iniziale (15 minuti) in acqua calda e quelli di cottura (30-45 minuti). Il riso alla messicana, oltre a fungere da primo piatto, viene spesso servito in accompagnamento a pietanze a base di pesce, carne ecc.

RISO CON LE PATATE(Arroz blanco con papas) 250 g di riso arborio, 3 patate abbastanza grosse, 1/2 cipolla, 1 spicchio di aglio, ciuffo di prezzemolo, 1 l di brodo, olio, sale, pepe L'arroz blanco, assieme a quello a la mexicana, può essere servito in accompagnamento ad altre pietanze, oppure costituire un primo piatto aggiungendo banane fritte, carote, fagioli o guarnendolo con uova sode. In questo senso lo presentiamo in una delle versioni più diffuse, quella con papas. Lasciate il riso a bagno per 5 minuti in acqua tiepida, quindi lavatelo sotto acqua corrente, scolatelo e fatelo dorare in una casseruola con poco olio. Versate sul riso una salsa ottenuta frullando la cipolla e l'aglio con 1/2 tazza di acqua, e lasciate insaporire per 5 minuti mescolando delicatamente su fiamma vivace. Mettete a cottura anche le patate, sbucciate e tagliate a cubetti, e versate il brodo caldo. Fate prendere calore quindi abbassate la fiamma e proseguite a tegame coperto per circa 20 minuti - 5 minuti prima di spegnere aggiustate di sale, pepate e unite il prezzemolo finemente tritato. Al termine il brodo deve essere completamente consumato e i chicchi di riso risultare teneri ma ben staccati l'uno dall'altro.

RISO VERDE CON MAIS 250 g di riso arborio, 250 g di prezzemolo o spinaci (lessati e strizzati), 150 g di chicchi di mais lessati (o in scatola), 1 patata grossa, 1/2 cipolla, 1 spicchio di aglio, 1 l di brodo, olio, sale, pepe. Lasciate il riso in ammollo per 5 minuti, quindi sciacquatelo sotto acqua corrente sinché avrà perso l'amido. Scaldate un po' di olio in un tegame abbastanza grande, mettete a cottura il riso e mescolate delicatamente con un cucchiaio di legno sinché diventa leggermente dorato. Frullate il prezzemolo con la cipolla, l'aglio e 1/2 tazza di acqua in modo da ottenere una crema omogenea. Versate la crema sul riso e, sempre mescolando delicatamente, lasciate scaldare per qualche minuto. Unite a questo punto i chicchi di mais, la patata sbucciata e tagliata a dadini e versate ilbrodo caldo. Lasciate prendere il bollore, poi abbassate e proseguite a pentola coperta per circa 20 minuti. Prima di servire insaporite con sale e pepe; lasciate riposare il riso su fuoco spento per 5 minuti prima di servire.

SOUFFLE' IN TEGAME AI PEPERONI E FORMAGGI 1/2 tazza burro 5 uova 1/4 tazza farina 1/2 cucchiaino lievito in polvere 1/4 cucchiaino sale 1/2 tazza peperone poblano tritato arrostito e spellato 1 tazza formaggio cottage 8 ounces formaggio Jack Preriscaldare il forno a 180°. Fondere il burro in un tegame quadrato da 8 inch. Sbattere leggermente le uova. Aggiungere la farina, il lievito il sale e mescolare bene. Aggiungere il burro fuso, I peperoni e I due formaggi. Mescolare il tutto e versare nel tegame dove era stato fatto fondere il burro. Infornare per 35 minuti o finchè sia ben cresciuto e dorato. Servire subito.

SPAGHETTI AL SUGO (Sopa seca de fideos) 250 g di spaghetti grossi, 150 g di chorizo (vedi pag. 12), 250 g di pomodori maturi e sodi, 1/2 cipolla piccola, 1 spicchio di aglio, 2 chiles serranos o chipotles (facoltativi), 1/2 cucchiaino di origano, 50 g di formaggio stagionato piccante, olio, sale Private le salsicce della pellicina esterna e rosolatele in un tegame con un po' di olio, sminuzzandole con il cucchiaio di legno. Scolatele e, nello stesso condimento (se troppo eliminatene un poco), fate dorare la pasta dopo averla spezzata; prima che scurisca eccessivamente scolatela con una schiumarola e tenetela da parte. Tuffate i pomodori in acqua bollente così da riuscire facilmente a privarli della pellicina esterna, quindi frullateli con l'aglio, la cipolla, l'origano e un po' di sale. Passate la salsa in una casseruola in cui avrete scaldato qualche cucchiaio di olio e, non appena si sarà asciugata, allungatela con 1 1 abbondante di acqua calda (alcuni usano anche il brodo di pollo). Fate prendere il bollore quindi versate gli spaghetti e, dopo 5 minuti, metà del chorizo rosolato. Mescolando portate a cottura: il liquido dovrà venire tutto assorbito e la pasta risultare tenera. Controllate il sale e servite in un piatto da portata guarnendo con il chorizo rimasto, il formaggio grattugiato e, volendo, i chiles finemente tritati. Aumentando le dosi di brodo a 2 1 preparerete una sopa de pasta.

TEGLIA DI TORTILLAS (Sopa seca de tortillas) 20 tortillas di mais piccole e sottili, 500 g di pomodori maturi, 1 cipolla piccola, 1 spicchio di aglio, 2 chiles pasillas, 1 tazza di brodo, 1/4 di crema di latte, olio, sale. Tagliate le tortillas a listarelle spesse pochi millimetri, quindi friggetele in olio bollente, rigirandole spesso e facendo attenzione che non scuriscano troppo. Scolatele bene dal condimento e lasciatele asciugare su carta assorbente da cucina. Tuffate i pomodori in acqua bollente così da sbucciarli senza difficoltà e frullateli con lo spicchio di aglio, quindi metteteli a cottura in un ampio tegame in cui avrete rosolato in poco olio la cipolla tritata. Non appena la salsa si sarà ridottadella metà, versate il brodo caldo. Lasciate che il sugo riacquisti calore, quindi insaporite con sale e i peperoncini puliti e tagliati in filetti sottili (vedi pag. 11). Distribuite le tortillas in una pirofila da forno imburrata, condite con la salsa di pomodoro e con la crema e passate a scaldare in forno caldo prima di servire. Alcune varianti utilizzano per guarnire anche formaggio fresco tipo feta sbriciolato e polpa di avocado a pezzettini, altre aumentano le dosi di brodo in aggiunta al sugo di pomodoro in modo che la pietanza assuma l'aspetto di una vera e propria zuppa.

CARNE CARNE AL CARTOCCIO (Barbacoa) 1 kg di polpa di montone (o capretto), 1 kg di costine di maiale, 3 chiles anchos, 5-6 spicchi di aglio, 2 rametti di timo, 2 foglie di alloro, 1 cucchiaino di semi di cumino, 1 cucchiaino di pepe nero in grani, 1 tazza e 1/2 di aceto di mele, sale. Aprite i peperoni, scottateli, puliteli e lasciateli ammorbidire in acqua come indicato a pag. 11. Tritateli poi nel mixer (o lavorateli in un mortaio) assieme ad aglio, cumino, timo, alloro, pepe e sale fino ad avere una pasta omogenea che diluirete nell'aceto. Pulite la carne di montone e le costine, tagliate entrambe a bocconcini e mettetela in un recipiente di vetro o di ceramica condendola con la salsa all'aceto. Coprite con carta pellicola da cucina e lasciate marinare in frigorifero per tutta la notte, avendo cura di mescolare di tanto in tanto. In Messico la carne così preparata viene poi avvolta in foglie di maguey e cotta in fosse scavate nella terra nelle quale sono state messe le braci, protette da uno strato di pietre. Chi non ha questa possibilità potrà optare per la cottura al vapore: scolate la carne dalla marinata, avvolgetela in foglie di vite e alloro; disponetela poi in un foglio di carta metallizzata con cui avrete foderato un cestello per la cottura a vapore così da formare una tasca che non lasci fuoriuscire il sugo che si formerà. Fate puoi cuocere su fiamma bassa e pentola coperta per circa 2-3 ore (potrete ridurre i tempi utilizzando una pentola a pressione). Al momento di servire, aprite il cartoccio, liberate la carne dalle foglie, disponetela su un piatto di portata e conditela con il sugo di cottura. Volendo potrete anche provare a cuocere la carne su braci ardenti, oppure ad avvolgerla in foglie di mais (se secche, lasciatele a bagno in acqua calda perché si ammorbidiscano, quindi scolatele e asciugatele): dopo aver formato gli involtini chiudeteli con filo da cucina e cuocete come sopra.

CASSERUOLA TEX-MEX 4 pannocchie di granturco fresco burro 3 cipolle medie tagliate sottilmente 6 o 7 zucchini medi, affettati sottilmente 1 pomodoro grosso private dei semi, tritato e scolato 8 ounce confezione di pomodorini, scolati e tagliati a dadini, o 1 tazza freschi 2 peperoni di Anahcim, senza semi e tritati 1 jalapeno piccolo senza semi e tritato 1 1/2 cucchiaino di origano fresco, o 3/4 di cucchiaino secco sale pepe e burro 1 tazza formaggio jack tritato Scaldare il forno a 180°. Usando un coltello appuntito staccare I chichi dal tutolo e metterli da parte. In una larga padella scaldare un cucchiaio di burro e soffriggere le cipolle e gli zucchini per 3 o 5 minuti a fuoco medio. Togliere dal fuoco.Aggiungere un altro cucchiaio di burro e soffriggere I pomidoro per 3 o 5 minuti. Ungere leggermente una casseruola larga. Mescolare insieme tutte le verdure condire con l'origano, il sale ed il pepe. Cospargere di formaggio tritato e fiocchi di burro. Infornare la casseruola con il coperchio o con un foglio di alluminio per 30 minuti. Passarlo brevemente al grill per farlo dorare prima di servirlo.

CHILI ALLA MODA CASI [CASI (Chili Appreciation Society International) vincitori di gare di cucina sono soliti usare la polvere di peperoncino e anche i peperoncini Jalapenos, che sono tolti prima di servire il piatto. Il manzo viene tagliato a cubi e viene usata la farina di polenta per addensare il sugo del chili.] 4 Jalapeno, privati del gambo e dei semi, tagliati a metà 4 cucchiaio tav polvere di Chili 1 cucchiaio tav paprica in polvere 2 pounds manzo tagliato a cubi di 1 inch e 1/2 1 cipolla media tritata 2 cucchiai di grasso di rognone tritato o olio vegetale 1 8-ounce barattolo salsa di pomodoro 1 12-ounce lattina di birra 2 tazze brodo di manzo 3 cucchiaini da the comino macinato 2 cucchiaini da the di aglio in polvere 1 cucchiaino da the pepe nero macinato fresco 1/4 tazza farina di polenta Rosolare la carne e la cipolla nel olio o grasso che sia. Aggiungere la salsa di pomodoro, la birra, il brodo di pollo, il peperoncino, il comino, l'aglio, il pepe e 2 cucchiai di polvere di chili. Fare sobbollire il chili a fuoco medio per 2 ore o finchè la carne sarà tenera. Per addensare mescolare la polenta con acqua e farne un miscuglio liquido. Aggiungerla mescolando velocemente al chili, se si mescola lentamente si raggrumerà. Aggiungere la rimante polvere di chili e la paprica. Sobbollire per altri 15 minuti. Togliere i jalapenos e servire.

CHILI ALLA MODA ICS [Il cuoco dell'ICS (International Chili Society) più New Mexican chili. La carne è tagliata a cubi o tritata grossolanamente e aggiungono altre spezie quali il tarragon, la curcuma, il misto di spezie, e anche il curry.] 3 cucchiai tav New Mexican chili rosso secco in polvere 1 7-ounce scatola New Mexican chili verde tritato 2 cucchiaino the Cayenna tritata, o più per aumentare il piccante 2 pounds sottofiletto di manzo, sia tritato grosso che tagliato a cubi 2 cucchiai d'olio vegetale 2 cipolle medie affettate 2 gambi di sedano tritati 3 spicchi d'aglio tritati1 16-ounce barattolo pomodoro tritato 1 cucchiaino the origano secco Soffriggere il manzo nell'olio. Aggiungere la cipolla, il sedano, l'aglio e soffriggere fino ad ammorbidirli. Aggiungere il resto degli ingredienti e acqua a sufficienza per coprire e sobbollire per 2 3 ore o finchè la cane sia tenera. Aggiungere altra acqua se necessario

CHILI CON CARNE 250 g di polpa di manzo, 1 tazza e 1/2 di fagioli borlotti già lessati (o 1 scatola di quelli conservati), 2 pomodori maturi e sodi, 1/4 di cipolla, 2 peperoncini verdi freschi o 2 chiles jalapeños, 2 chiles chipotles, 1 cucchiaio di origano, 2 spicchi di aglio, olio di oliva, sale. Questa pietanza tanto nota nel mondo, e da molti considerata di tradizione messicana, è in realtà più un'abitudine del Texas. Qui infatti esistono delle vere e proprie gare in occasione di feste all'aperto in cui cuoche e cuochi amatoriali si sfidano a colpi... di chili piccantissimo. Poiché comunque questo piatto deve la sua fama a ingredienti di origine messicana e per non deludere i non `espertissimi' che comunque lo verranno a cercare anche in questo manuale, abbiamo deciso di presentare una delle molte versioni esistenti di chili di carne. Tagliate la polpa di manzo a piccoli pezzettini o, se preferite, macinatela. Scaldate in un tegame un po' di olio e rosolate la carne mescolandola con un cucchiaio di legno in modo che prenda colore in modo uniforme. Aggiungete 1 pomodoro, i peperoncini verdi e la cipolla tagliati tutti a cubetti e insaporite con l'origano; proseguite la cottura per altri 5-10 minuti così che anche la verdura si rosoli per bene. Nel frattempo frullate il pomodoro rimasto con i chipotles puliti (vedi pag. 11) e l'aglio, versate la salsa sulla carne, bagnate con un po' di acqua e insaporite con il sale. Dopo 10-15 minuti aggiungete anche i fagioli e proseguite su fuoco sempre basso per circa 20 minuti. Il chili deve risultare di consistenza morbida, quindi eventualmente bagnate con ancora un po' di acqua e, prima di spegnere, controllate il sale. Servitelo accompagnandolo con tortillas, riso messicano e fagioli schiacciati, o utilizzatelo per farcire tacos o enchiladas.

COSTINE IN SALSA (Puerco en adobo) 8 grandi costine di maiale, 1/2 cipolla, 50 g di olive verdi, 1 cespo di lattuga romana, pangrattato, 1 bicchiere di vino bianco, olio di oliva. Per la marinata: 2 chiles anchos, 1/2 cipolla, 2 spicchi di aglio, 1 foglia di alloro, 2 peperoncini rossi secchi, 2 chiodi di garofano, 1 pezzetto di cannella, 1 cucchiaino di origano, 1/2 cucchiaino di semi di cumino, 1 tazza di aceto di mele, sale. Iniziate con il preparare l'adobo, cioè la salsa in cui marinare la carne: scottate, mondate e fate ammorbidire in acqua i chiles (vedi pag. 11), quindi passateli al mixer con l'aglio, la cipolla, le altre spezie, sale e l'aceto. Battete leggermente le costine, disponetele in un recipiente di vetro o ceramica e conditele con la marinata; coprite e lasciate marinare in frigorifero per una notte, rimescolando di tanto in tanto la carne in modo che si insaporisca bene. Scolate le costine dalla salsa e passatele nel pangrattato, quindi friggetele in olio bollente, dorandole in modo uniforme; scolatele e lasciatele asciugare brevemente su carta assorbente da cucina. Intanto scaldate in un tegamino 2 cucchiai di olio e versate la salsa della marinata. Dopo 5 minuti insaporite con le olive snocciolate e la cipolla finemente tritata e, volendo, un po' di formaggio stagionato grattugiato. In un piatto da portata sistemate un letto di lattuga tagliata a listarelle, disponete sopra le costine e conditele con la salsa calda.Esistono tantissime versione di carne en adobo: la carne, dopo la marinatura, può anche essere arrostita o lessata prima e poi fatta insaporire sul fuoco nell'adobo.

FONDUTA PICCANTE MESSICANA 1 scatola da 15 1/2 ounce di fagioli refried 1/2 pound (2 tazze) di formaggio cheddar grattugiato 2 Cucch da tav di burro 2 Cucch da tav di scalogno tritato 1 spicchi d'aglio , tritato 1/2 Cucch da te di salsa Worcestershire 1 peperoncino di cayenna, private dei semi e tritato 1 privato dei semi e tritato peperoncino di Anaheim o poblano 3/4 tazza di birra a temperature ambiente Mescolare insieme, eccetto la birra, in una pesante casseruola. Scaldare bene, escolando, finchè la mistura sarà ben calda, 10 15 minuti. Aggiungere la birra poco alla volta mescolando. Trasferire nella pentola da fonduta. Accompagnare con tortillas a pezzi o verdure fresche da intingere.

FORMAGGIO RIPIENO (Queso relleno) 1 forma intera di formaggio Edam (olandese), 500 g di polpa di maiale lessata, 300 g di pomodori maturi e sodi, 2 peperoncini verdi, 1 cipolla e 1/2, 4 spicchi di aglio, 50 g di olive verdi, 1 cucchiaio di capperi sotto sale, 25 g di uva passa, 1/2 cucchiaino di origano, 4 uova, olio, sale. Per la salsa: 300 g di pomodori maturi e sodi, 1 cipolla piccola, 1 peperoncino verde, 50 g di olive verdi, 50 g di capperi sotto sale, 1 cucchiaio di farina, 1/2 bustina di zafferano, brodo di carne, olio, sale. Rassodate le uova, poi iniziate a preparare il ripieno: lessate la carne con una presa di sale, 2 spicchi di aglio, 1 cipolla in quarti, 1 peperoncino, l'origano; scolatela e passatela al mixer, poi filtrate il brodo. Affettate la cipolla rimasta e rosolatela in olio, unite i pomodori tritati e lasciate raddensare un po'. Aggiungete la carne, gli albumi d'uovo tritati, 1 peperoncino a filetti (vedi pag. 11), olive e capperi tritati, l'uvetta passa. Aggiustate di sale e lasciate cuocere su fiamma moderata sinché il liquido non si sarà asciugato. Togliete la pellicola esterna in cera rossa che ricopre la forma di formaggio, con un coltello affilato tagliate la calotta, così da ricavarne una specie di coperchio, e scavate l'interno lasciando un `guscio' di circa 2 cm di spessore. Preparate ora la salsa di accompagnamento: rosolate la cipolla affettata e, quando diventa trasparente, unite il pomodoro che avrete pulito della pellicina esterna e tritato finemente, il peperone scottato e tagliato a filetti, un trito di olive e capperi e lo zafferano sciolto in poco brodo caldo. Lasciate cuocere su fiamma vivace per 5 minuti; se troppo liquida stemperate nella salsa 1 cucchiaino di farina per raddensarla. Aggiustate di sale e spegnete. Sistemate il formaggio in una pirofila di dimensioni adeguate (non troppo larga, in modo che stia un po' `raccolto') e riempitelo con metà del ripieno di carne, adagiatevi sopra i tuorli d'uovo tagliati a metà e ultimate con il resto del ripieno. Chiudete la forma con la sua calotta e passate in forno caldo per circa 10 minuti, sin quando il formaggio non inizierà ad ammorbidirsi. Condite con la salsa allo zafferano e rimettete a cuocere per altri 5 minuti: il queso relleno deve essere servito morbido ma ancora in forma, accompagnandolo con tortillas.

PICADILLO Il picadillo è un composto di carne utilizzato per farcire peperoni, tacos, enchiladas ecc., di cui esistono tantissime varianti. Di seguito ve ne presentiamo una non piccante e una invece che prevede l'utilizzo dipeperoncino. Di carni miste 200 g di polpa di maiale macinata, 200 g di polpa di manzo macinata, 250 g di pomodori maturi e sodi, 2 spicchi di aglio, 1/2 cipolla piccola, 1 limone, 25 g di uvetta passa, 1 chiodo di garofano, 1 pezzetto di cannella, 1 foglia di alloro, 1 rametto di maggiorana, 1 rametto di timo, grani di pepe, sale, zucchero. In un mortaio lavorate aglio, maggiorana, timo, chiodo di garofano, cannella, alloro, sale, qualche grano di pepe; quando avrete ottenuto una pasta omogenea, unitela alla carne e amalgamate il tutto con le mani umide. Ponete un tegame al fuoco e fate colorire un trito finissimo di cipolla in qualche cucchiaio di olio, prima che prenda colore, unite le carni macinate e, mantenendole mescolate, rosolatele per 10 minuti. Tuffate i pomodori in acqua bollente per privarli della pellicina esterna e tritateli, quindi uniteli alla carne. Mescolate con cura e insaporite con poco zucchero e l'alloro. Lasciate asciugare il sugo e, prima di spegnere, aggiungete anche l'uvetta fatta prima ammorbidire in acqua e tritata. Con verdure 250 g di polpa di manzo tritata, 250 g di pomodori maturi e sodi, 200 g di carote lessate, 200 g di patate lessate, 1-2 spicchi di aglio, 1/2 cipolla piccola, 2 chiles jalapeños, 1/2 tazza di olive verdi snocciolate, 25 g di uvetta passa, olio, sale. In 2 cucchiai di olio rosolate la carne mescolando in modo che si sbricioli bene e colorisca in modo uniforme. Private della pellicina esterna i pomodori tuffandoli in acqua calda, quindi frullateli con l'aglio e la cipolla a pezzetti. Unite alla carne la salsa di pomodoro, salate e lasciate sobbollire a tegame coperto per 5-10 minuti. Se il picadillo vi sembrasse troppo asciutto, versate un po' di acqua di cottura delle verdure, quindi aggiungete le verdure a cubetti, le olive intere e l'uvetta fatta prima ammorbidire in acqua tiepida. Lasciate insaporire su fuoco basso, facendo attenzione che non si asciughi eccessivamente. In ultimo unite i jalapeños che avrete scottato, mondato da pelle e semi e tagliato in filetti sottili.

POLLO AL PEPE DI CAIENNA 1 grosso petto di pollo intero disossato 1 cucchiaio tav ciascuno di maizena e di salsa di soia 1 bianco d'uovo, leggermente battuto 1 spicchi d'aglio tritato olio per cuocere 12 peperoncini di caienna essiccati tritati e senza semi 1/2 tazza noccioline americane tostate per la salsa 1 cucchiaio tav farina di mais 1/2 cucchiaino da the di zenzero fresco grattugiato(o 1/4 cucchiaino secco) 1 cucchiaio tav sherry 2 cucchiaio tav salsa di soia 1 1/2 cucchiaino the zucchero 2 cucchiaino the aceto di vino rosso 1 cucchiaino di pasta di peperoncino con aglio 2 cucchiaino the di salsa hoisin 3 cucchiaio tav pollo stock 1 cucchiaio tav olio di sesamo Preparare la salsa mescolando tutti gli ingredienti e lasciare da parte. Mettere il pollo una grande terrina con l'amido di mais, la salsa di soia, ilbianco d'uovo e l'aglio. Mescolare accuratamente e lasciare riposare in frigo per 1/2 ora. Riscaldare 2 cucchiai tav d'olio in un wok o in una padella. Aggiungervi I peperoncini e farli tostare , circa 15 secondi. Abbassare il fuoco, aggiungere il pollo e cuocere per circa 2 o 3 minuti. Aggiungere la salsa e cuocere un minuto ancora per amalgamare e scaldare il tutto. Servire, con noccioline sparse sopra su di un letto di caldo riso bollito.

POLLO CON LE NOCI 1 pollo lessato e il suo brodo filtrato, 50 g di mandorle sgusciate, 50 g di pistacchi sgusciati, 3 chiles anchos, 2 chiles pasillas, 1 pomodoro grosso, 1 cipolla piccola, 2 spicchi di aglio, 2 cucchiai di semi di sesamo, 3 chiodi di garofano, 1 pezzetto di cannella, 2-3 tortillas di mais, olio, sale, zucchero. Pulite il pollo e tagliatelo in pezzi, quindi lessatelo in acqua portata a bollore con sale, 2 spicchi di aglio, la cipolla e le carote a pezzettoni. Non appena cotto, spegnete e lasciatelo raffreddare nel brodo (che poi filtrerete per utilizzarlo nelle fasi seguenti). Aprite i peperoni, mondateli e lasciateli ammorbidire nel brodo caldo come indicato a pag. 11, quindi frullateli. Private i pistacchi e le mandorle della pellicina esterna tuffandoli in acqua bollente, divideteli a metà e doratele in poco olio. In un altro tegamino, friggete le tortillas rigirandole su entrambi i lati, scolatele bene e nello stesso condimento rosolate prima il pomodoro a pezzi, poi la cipolla in quarti e 2 spicchi di aglio. Passate poi tutto al mixer con i semi di sesamo (prima leggermente tostati in un padellino), le spezie e il brodo necessario a ottenere una salsa non troppo liquida. In una casseruola scaldate 2-3 cucchiai di olio, quindi versate la crema di pistacchi, lasciate insaporire e, dopo 5 minuti, unite quella di peperoni; allungate con circa 1/2 1 di brodo caldo. Mettete a cottura il pollo, insaporite con sale e 1 cucchiaino di zucchero e fate cuocere a fuoco moderato per circa 20 minuti.

POLPETTINE ALLE OLIVE (Albondigas) 300 g di polpa di maiale macinata, 300 g di polpa di manzo macinata, 1 cipolla piccola, 1 ciuffo di prezzemolo, 1 spicchio di aglio, 1 peperoncino verde, 1 cucchiaio di semi di cumino, 2 uova, 1/2 panino al latte, sale, pepe. Per la salsa: 400 g di pomodori, 1 cipolla piccola, 1 spicchio di aglio, 50 g di olive verdi, 2 chiles chipotles sottaceto, olio, sale. Questo è soltanto uno dei molti modi di preparare le albondigas, polpette di carne farcite e cotte nel sugo che in Messico presenta almeno una variante per ciascuna regione. Iniziate con la salsa: pulite i pomodori dalla pellicina esterna e frullateli con il peperoncino mondato (vedi pag. 11), l'aglio e la cipolla a pezzetti. Scaldate un po' di olio in un tegame, versate il passato di pomodoro e lasciate consumare della metà, quindi allungate con 1/2 l di acqua calda e salate. Fate ammorbidire il panino nel latte (o acqua), quindi strizzatelo e passatelo al mixer (o lavoratelo in un mortaio) insieme con la cipolla e l'aglio a pezzi, il prezzemolo, il cumino. Unite poi tutto alle carni macinate che avrete messo in una terrina e amalgamate con cura con le mani umide, aggiungendo anche 1 uovo, sale e pepe. Quando avrete ottenuto un composto omogeneo, formate delle polpette che farcirete all'interno con un po' dell'uovo rimasto fatto rassodare e tritato. Mettete le polpette a cottura nella salsa e cuocete su fiamma moderata e a tegame coperto per 30-40 minuti. Prima di servire insaporite con le olive e i peperoncini sottaceto tagliati a filetti sottili.

SPIEDINI ALLA GRIGLIA (Brochetasnorteñas) 700 g di noce di manzo, 200 g di pancetta affumicata in fette spesse almeno 1 cm, 200 g di prosciutto cotto in fette spesse almeno 1 cm, 2 peperoni verdi dolci, 1 cipolla grossa, olio di oliva, sale, pepe. Tagliate il manzo a cubetti di circa 3-4 cm di lato, la pancetta e il prosciutto a pezzi più piccoli ma comunque sufficientemente grossi per essere infilzati. Mondate e tagliate anche le verdure: la cipolla a pezzettoni, i peperoni a falde. Alternate carne e verdure sugli spiedi, quindi disponeteli in un piatto capiente, pepate abbondantemente e bagnate con 1 tazza di olio. Lasciate riposare gli spiedini in frigorifero per almeno 30 minuti, avendo cura di rigirarli di tanto in tanto così che insaporiscano uniformemente. Cuoceteli poi sulle braci ardenti circa 3 minuti per parte, rigirandoli spesso e mantenendoli pennellati con olio perché non si secchino eccessivamente; salate solo a fine cottura. Gli spiedini vanno poi accompagnati in tavola da alcune salse scelte tra quelle proposte nell'apposito capitolo. Particolarmente indicate sono la salsa di pomodori all'origano, quella piccante e quella messicana.

STUFATO DI AGNELLO (Birria) 1 kg e 1/2 di polpa di montone, 3 chiles anchos, 3 chiles cascabel, 1 peperone dolce, 4 spicchi di aglio, 1 rametto di timo, 2 chiodi di garofano, 1 pezzetto di cannella, 1 cucchiaino di origano, 1 cucchiaino di semi di cumino, 1/2 bicchiere di aceto di mele, olio, sale. Per la salsa: 300 g di tomates verdes, 20 g di chiles cascabel, 1/2 cipolla, origano. Per lo stufato utilizzate sia polpa sia costolette, entrambi tagliati a pezzi. Mondate i chiles anchos come indicato a pag. 11, lasciateli ammorbidire in acqua poi frullateli con i chiles cascabel che avrete fatto bollire per 15 minuti e pulito dei semi, gli spicchi di aglio e il resto delle spezie. Insaporite la salsa con sale e allungatela con l'aceto in modo che abbia una consistenza densa. Pulite la carne e tagliatela a pezzetti, quindi mettetela in una casseruola con 2 spicchi di aglio e 1 tazza di acqua calda. Coprite e fate cuocere su fiamma bassissima per 1 ora e 1/2, schiumando di tanto in tanto. Distribuite la salsa ai chiles sulla carne, condite con un giro di olio e aggiustate di sale. Dopo aver mescolato, proseguite la cottura per altri 30 minuti. Nel frattempo preparate la salsa con cui si accompagna la birria: lasciate sobbollire per 10 minuti i tomates e i peperoncini coperti di acqua, quindi passate tutto al mixer (o tritate finemente con la mezzaluna) con la cipolla e una presa di origano. Scolate la carne e sistematela in un piatto da portata; mescolate il sugo di cottura rimasto sul fondo della pentola alla salsa di tomate, scaldate e distribuite sulla carne.

TACCHINO IN SALSA (Mole de guajolote) 1 tacchino di medie dimensioni, 4 spicchi di aglio, 1 cipolla, sale. Per il mole: 300 g di chiles mulatos, 100 g di chiles anchos, 3 chiles chipotles, 500 g di passato di pomodoro, 3 spicchi di aglio, 50 g di semi di sesamo, 10 g di mandole sgusciate, 1 cucchiaino di semi di anice, 100 g di uva passa, 8 chiodi di garofano, 1 pezzetto di cannella, 90 g di cacao amaro, pepe in grani. Quella che vi presentiamo non è la versione originale del noto tacchino in mole poblano - che richiedere una più lunga lista di ingredienti e più tempo di preparazione - ma una più semplice e comunque squisita. Pulite, tagliate a pezzi il tacchini e lessatelo con gli aromi e sale; lasciatelo raffreddare in pentola, quindi scolatelo e filtrate il brodo. Mondate i chiles seguendo le indicazioni di pag. 11 elasciateli ammorbidire nel brodo caldo, poi scolateli e frullateli. Tuffate le mandorle in acqua bollente, pulitele dalla pellicina e doratele in poco olio caldo; tostate leggermente in semi di sesamo in un padellino, quindi frullate entrambi con le spezie, l'uva passa e il cacao (sciolto in un po' di brodo). In una casseruola scaldate 1/2 bicchiere di olio e versate il passato di pomodoro, la crema di chiles e quella di mandorle; amalgamate con cura e, dopo 5 minuti, insaporite con zucchero, sale e portate a bollore. Allungate il mole con 1/21 di brodo caldo (più o meno, dipende dalla quantità di tacchino, ma al termine la salsa dovrà risultare densa) e mettete a cottura il tacchino. Lasciate insaporire su fiamma moderata e pentola coperta per una decina di minuti. TINGA 250 g di petto di pollo già lessato e sfilacciato, 200 g di chorizo, 2 pomodori maturi e sodi, 3 cipolle, 3 chiles chipotles, 2 spicchi di aglio, olio, sale. Questa pietanza, molto aromatica, a base di carne di pollo sfilacciata può essere servita come piatto principale o utilizzata per preparare tostadas, tacos come antipasto o antojitos. In una casseruola scaldate qualche cucchiaio di olio, quindi mettete a cottura il chorizo mantenendolo mescolato in modo da sbriciolarlo e farlo rosolare in modo uniforme. Non appena la carne cambia colore, unite le cipolle sottilmente affettate e mescolate su fiamma bassa sinché anche loro non avranno preso colore (attenzione a non bruciarle per non compromettere il sapore della tinga).

Mondate i chipotles, quindi frullateli con i pomodori puliti dalla buccia e lo spicchio di aglio a pezzetti. Unite al chorizo la salsa di peperoncini, il pollo sfilacciato e sale, allungando eventualmente con un po' del brodo di cottura del pollo. Lasciate sobbollire per 20-30 minuti prima di spegnere. Attenzione: la salsa non deve risultare troppo asciutta, ma giustamente morbida per essere un ripieno-condimento. Se si asciugasse troppo bagnatela con ancora un po' di brodo.

TRIPPA CON I CECI 750 g di trippe già pulite, 150 g di chorizo (vedi pag. 12), 150 g di pancetta affumicata in un unico pezzo, 150 g di ceci, 250 g di passato di pomodoro, 1 cipolla e 1/2, 3 spicchi di aglio, 100 g di olive verdi, 1-2 peperoncini rossi secchi, olio di oliva, sale. Lasciate in ammollo per una notte i ceci; lessate la trippa (menudo) con 1/2 cipolla, 1 spicchio di aglio e sale (con la pentola a pressione sarà sufficiente 1 ora). In una casseruola capiente fate soffriggere la cipolla rimasta e l'aglio finemente affettati in 2 cucchiai di olio; unite la salsiccia sgranata e la pancetta tagliata a fettine e lasciate insaporire. Aggiungete il pomodoro, i peperoncini fasciati ammorbidire in acqua e puliti, la trippa e i ceci (che avrete avuto cura di private della pellicina esterna). Cuocete per 5 minuti, quindi salate e unite anche le olive verdi grossolanamente tritate; lasciate insaporire ancora per 5 minuti, quindi spegnete.

PESCE BACCALÀ ALLA MESSICANA 800 g di baccalà bagnato, 100 g di mandorle sguciate, 250 g di pomodori pelati, I cipollotto, 50 g di olive verdi, 2 peperoncini rossi secchi, 3 chiodi di garofano, 1 pezzetto di cannella, 1-2 rametti di origano, 1 cucchiaio di aceto, olio di oliva, sale. Cuocete il baccalà coperto di acqua con il cipollotto sinché risulta tenero; scolatelo e pulitelo, conservando 1 tazza del brodo di cottura. In un padellino fate dorare le mandorle che avrete privato della pellicina esterna; lasciate ammorbidire i peperoncini in acquabollente, quindi mondateli da semi e membrane e passateli al mixer con le mandorle. In un tegame scaldate 2 cucchiai di olio e rosolate il composto di peperoncino, quindi versate i pelati tritati. Non appena il sugo si sarà raddensato mettete a cottura il baccalà e bagnate con il brodo. Quando inizia il bollore, unite l'aceto, mescolate con delicatezza e salate. Guarnite con le olive e l'origano e servite.

BRANZINO EN ESCABECHE 750 g di filetti di branzino, 3 chiles anchos, 4 chiles jalapeños in agrodolce, 1 peperone dolce, 1 cipolla e 1/2, 2 spicchi di aglio, 2 chiodi di garofano, 1/2 cucchiaino di timo, 1 cucchiaino di semi di cumino, 1-2 limoni, 50 g di farina, 1/2 bicchiere di aceto di mele, 1 bicchiere di olio di oliva, sale, pepe. Pulite e asciugate il pesce, conditeli con il succo di limone, sale e pepe e lasciateli marinare per 1 ora in luogo fresco, girandoli almeno una volta. Nel frattempo preparate l'escabeche: aprite, scottate e lasciate ammorbidire i peperoni coperti di acqua (vedi pag. 11), quindi passateli al mixer con 1/2 cipolla e l'aglio, le spezie e l'aceto. Scolate bene il pesce, passatelo nella farina e friggetelo in poco olio girandolo su entrambi i lati; scolatelo ed, eventualmente, lasciatelo asciugare su carta assorbente da cucina. In un tegame scaldate la salsa in 2 cucchiai di olio, quindi disponete il pesce e lasciate insaporire su fiamma bassa per pochi minuti. Servite in un piatto da portata e guarnite con la cipolla finemente affettata e i peperoncini sottaceto grossolanamente tritati.

COCKTAIL DI CROSTACEI De camarones 400 g di gamberetti già lessati e sgusciati, 1 avocado, 1 pomodoro, 1 peperone verde fresco piccante, 1/4 di cipolla, 1 ciuffo di coriandolo, 1/2 1 di passata di pomodoro, 1/4 1 di salsa ketchup, 1 spruzzo di salsa piccante (vedi pag. 22) o worcester Amalgamate con cura le 3 salse tra loro, quindi mescolando unite i gamberetti e pomodoro, peperoncino e cipolla tritati finemente. Mescolate con cura insaporendo con il coriandolo finemente tritato. In ultimo, aggiungete anche la polpa dell'avocado tagliato a cubetti e mescolate con delicatezza in modo da non disfarla. Servite freddo, in coppette individuali, accompagnando con cracker salati o totopos. De cangrejo 500 g di granchio pulito da cartilagini, 3 avocadi, 1 scatola di cuori di palma, 1 cespo di lattuga, 2 limoni. Per la salsa: 1 uovo, 2 cucchiaini di senape, 50 g di panna fresca da cucina, 2 cucchiai di salsa ketchup, salsa tabasco, 1 bicchiere di olio, sale, pepe. Con l'olio, il tuorlo d'uovo, il sale e il pepe preparate una maionese e in ultimo, insaporitela con la senape, il ketchup, la panna e uno spruzzo di tabasco. Sbucciate e affettate gli avocadi, quindi spruzzate la polpa con il succo di limone in modo che non annerisca; affettate a rondelle i cuori di palma. Mischiate sia i cuori di palma che gli avocadi al granchio tagliato a pezzettini e distribuite tutto in coppette individuali che avrete foderato con foglie di lattuga. Servite freddo guarnendo con la salsa.

PAGRO AL FORNO 1 pagro di c. 1 kg e 1/2, 50 g di pancetta affumicata in un'unica fetta, 2 limoni, 1 cipolla, 1 peperone dolce, 2 spicchi di aglio, 1 ciuffo di prezzemolo, 1 peperoncino verde piccante, 2 cucchiai di pangrattato, 1 tazza di vino bianco, 4 cucchiai di olio, sale. Pulite e lavate il pesce; strofinatelo con il sale, praticate dei tagli indiagonale lungo i fianchi e in ciascuno disponete un pezzetto di pancetta e una fettina di limone. Distribuite sul pesce un composto di olio, pangrattato aglio e prezzemolo finemente tritati, quindi disponetelo in una pirofila unta di olio. Guarnite con peperoni e cipolla mondati e affettati, bagnate con il vino bianco e fate cuocere in forno cado (180 °C) per 30 minuti, sinché il pagro (huachinango) non apparirà coperto da una crosticina dorata.

PESCE ALLA VERACRUZANA 6 filetti di branzino, 600 g di pomodori maturi, 1 peperone dolce, 1/2 cipolla, 2 spicchi di aglio, 2 chiles jalapeños in agrodolce, 50 g di olive, 30 g di capperi, 1 manciata di prezzemolo, 1 limone, 2 chiodi di garofano, 1 pezzetto di cannella, olio di oliva, sale. Pulite i pomodori da pellicina esterna e passateli al mixer assieme ai chiodi di garofani prima pestati con la cannella e sale. In un tegame rosolate la cipolla e l'aglio finemente tritati in 2 cucchiai di olio, quindi unite il pomodoro e il peperone mondato e tagliato a filetti. Lasciate raddensare e allungate la salsa con 1/2 l di acqua calda, aggiustate di sale e insaporite con il prezzemolo finemente tritato. Lavate il pesce, asciugatelo e mettetelo a cottura nel sugo, aggiungendo anche i capperi ben puliti dal sale e le olive tritate. Proseguite la cottura su fiamma bassa per circa 15 minuti mescolando con delicatezza, quindi servite guarnendo con i jalapeños affettati.

PESCE MARINATO (Ceviche) 1 kg di filetti di pesce tipo sgombro (o halibut o branzino), 1 kg di pomodori maturi e sodi, 3-4 limoni (o lime), 1 cipolla grossa, 2 chiles serranos sottaceto, 1 manciata di coriandolo, 1-2 rametti di origano, 1 tazza di olio di oliva, sale, pepe. Pulite, lavate e asciugate i filetti di pesce, quindi tagliateli a pezzettini e lasciateli marinare in un recipiente di ceramica o vetro nel succo di limone filtrato e emulsionato con sale; coprite e fate riposare per 3 ore in luogo fresco. Due o tre ore prima di servire, preparate la salsa in modo che abbia il tempo di insaporire: pulite i pomodori dalla pellicina esterna e tritateli, quindi mescolateli in una terrina con cipolla, peperoncini, origano e coriandolo tutti tritati. Condite con olio, sale, pepe e mescolate; coprite e lasciate riposare in frigorifero. Scolate il pesce dalla marinata e mescolatelo alla salsa di pomodoro, unendo ancora olio se fosse necessario. Servite accompagnando con crostini di pane o cracker. Alcuni preferiscono sciacquare il pesce in acqua (tamponandolo poi bene con un canovaccio) prima di condirlo con la salsa; altri guarniscono il ceviche anche con polpa di avocado, olive, sottaceti e fettine di lime.

VERDURA CHILE DI FUNGHI 1 kg di grossi funghi di bosco, 75 g di chiles mulatos, 100 g di pomodori maturi, 2 spicchi di aglio, 1 rametto di epazote, 1 tazza di brodo, olio, sale. Mondate i funghi con uno straccio umido e fateli cuocere coperti di acqua con sale e 1 spicchio di aglio; non appena saranno giustamente morbidi, spegnete e lasciateli intiepidire nel liquido di cottura. Nel frattempo aprite e scottate i peperoni seguendo le indicazioni di pag. 11 e, dopo averli lasciati ammorbidire coperti di acqua caldi, frullateli con il pomodoro che avrete anche esso scottato in padella e pulito dalla pellicina esterna. In un tegame scaldate 2 cucchiai di olio e versate la salsa di chiles; dopo qualche minuto bagnate prima con un po' del liquido di cottura dei funghi, poi con il brodo caldo. Lasciate prendere calore, quindi mettete a cottura anche i funghi affettati e insaporite con l'epazote. Aggiustate di sale e lasciate cuocere su fiamma moderata per 15 minuti.

FAGIOLI CHARROS 200 g di fagioli borlotti, 100 g di chorizo o pancetta affumicata, 4 pomodori maturi, 1 cipolla piccola, 2-3 foglie di alloro, 1 peperoncino rosso secco, 1 bicchiere di birra, brodo, olio, sale. Se utilizzate fagioli secchi lasciateli a bagno per una notte con acqua e un pizzico di bicarbonato, lessateli poi seguendo le indicazioni di pag. 52. In un tegame rosolate in poco olio il chorizo sbriciolandolo (o la pancetta a pezzetti), unite la cipolla grossolanamente tritata, i pomodori a pezzetti, il peperoncino e l'alloro. Rosolate la salsa mescolando, quindi mettete a cottura i fagioli e bagnate con la birra. Aggiustate di sale, pepate e fate cuocere per una decina di minuti. Alcune versioni vengono arricchite con pezzettini di polpa di maiale già cotta.

FAGIOLI NERI SCHIACCIATI (Frijoles refritos) 250 g di fagioli neri messicani, 1/2 cipolla piccola, 3 chiles serranos o 1 peperoncino verde fresco, epazote o coriandolo, olio di oliva, sale. Pulite i fagioli lavandoli con cura, quindi lasciateli riposare per una notte in 1 l e 1/2 di acqua. Il giorno dopo eliminate i legumi che gal leggiano e ponete il resto al fuoco in una pentola di coccio con 2-3 cucchiai di olio e l'acqua d'ammollo. Cuocete su fuoco molto basso, salando solo a fine cottura perché i fagioli non induriscano. I fagioli, che alla fine dovranno risultare ben morbidi, devono rimanere sempre coperti di acqua, quindi se fosse necessario aggiungete acqua bollente nel corso della cottura. Già così i fagioli potranno venire utilizzati per molte delle preparazioni consigliate in questo manuale, ma per prepararli refritos alla messicana dovrete scaldare un po' di olio e far rosolare la cipolla tritata e il peperone verde, o i serranos, tagliato a listarelle. Mettete a cottura anche i fagioli, il loro liquido, insaporite con l'epazote o il coriandolo tritati e proseguite schiacciandoli con l'aiuto di una paletta, finché il liquido in eccesso verrà assorbito: attenzione però, la giusta consistenza sarà quella di una salsa, se quindi il tutto risultasse troppo denso aggiungete un po' di acqua. Potrete usare i fagioli schiacciati per preparare uno dei tanti, famosi, antojitos della cucina messicana: dategli la forma di un rotolo, disponetelo su un piatto da portata e guarnitelo con formaggio fresco tipo feta sbriciolato e accompagnatelo con totopos. Non avendo a disposizione i fagioli secchi o non avendo il tempo di cuocerli, potrete utilizzare anche quelli in scatola, unendo in sostituzione del liquido di cottura 1/3 di acqua.

INSALATA DI RAVANELLI 500 g di insalata verde, 8 ravanelli, 2 pomodori da insalata, 1/2 cipolla rossa, 150 g di pancetta in un'unica fetta, olio di oliva. Per la salsa: il succo di 1 limone, 1/2 spicchio di aglio, 1 cucchiaio di senape, olio di oliva, sale, pepe. Mondate con cura le verdure; tagliate i ravanelli, affettate la cipolla e i pomodori e mettete tutto in una zuppiera. In pochissimo olio rosolate la pancetta tagliata a cubetti sinché diviene croccante, scolatela e distribuitela sull'insalata. Emulsionate la senape con il succo di limone, diluite con olio e insaporite con sale, pepe e l'aglio tritato molto fine. Utilizzate la salsa per condire l'insalata, mescolando con cura.

PALE DI CACTUS IN INSALATA 500 g di nopales, 200 g di pomodori, 1 cipollotto, 1/2 cipolla piccola, 1 ciuffo di coriandolo, 2 chiles serranos sottaceto, aceto di mele, olio di oliva, sale. Le pale del cactus messicano nopal vengono largamente impiegate nellacucina messicana. Allo scopo vengono prima scottate in acqua bollente, quindi lavate per liberarle della viscosità che emettono, tagliate a dadini e condite con chiles, pomodoro ecc.; a volte vengono anche servite intere impanate con pomodoro in insalata. Pulite le vale di nopal e tagliatele a cubetti di circa 2 cm di lato, quindi lessatele in acqua bollente aromatizzata con sale e il cipollotto (perché rimangano verdi devono cuocere in un recipiente di rame). Quando risulteranno tenere, spegnete e lasciatele intiepidire nel liquido di cottura. Tritate finemente la 1/2 cipolla, il coriandolo, i pomodori, il peperoncino privato dei semi e, in una zuppiera, tutto ai nopales ben scolati. Condite con olio, aceto e sale, mescolate e lasciate insaporire qualche minuto prima di servire.

PEPERONI AL GUSTO DI PERA 2 1/2 pounds pere sbucciate, pulite e affettate 1 tazza Zucchero di canna 3/4 tazza aceto di mele 5 cucchiai tav cipolla tritata 1 cucchiaino da the sale 1 cucchiaino da the chili in polvere 1/4 cucchiaino da the comino 2 cucchiai tav peperoncino tritato 4 cucchiai tav peperoni verdi Anaheim 1 serrano private dei semi e tritato finemente Mettere tutti gli ingredienti in una palella; mescolare per farli amalgamare. Coprire e cuocere la mistura a fuoco basso per 30 minuti, aggiungendo acqua se necessario. Scoprire e continuare a cuocere per circa 25 minuti o finchè sia ben addensato, mescolando spesso. Servire freddo.

PEPERONI ARROSTITI Mettere i peperoni su una piastra da forno. Disporli sotto il grill già riscaldato a quattro inches dalla resistenza. Girarli finchè la buccia sarà coperta di bolle e carbonizzata. Chiuderli in un sacchetto di carta e lasciarveli finchè saranno sufficientemente freddi da poterli maneggiare. Partendo dalla punta, pelarli gettando il gambo i semi e la parte bianca. Adesso sono pronti per essere usati. Se non é disponibile il grill mettere ogni peperone direttamente sulla fiamma del gas girandolo spesso.

PEPERONI IN FREEZER Non bisogna sbianchire i peperoni prima di congelarli. Togliere semplicemente I semi, tagliarli a pezzi e congelarli in piccolo porzioni per un uso successivo.

PEPERONI RELLENOS RIPIENI DI GRANCHIO 8 peperoni Anaheim 1/2 pound granchio cotto o finto granchio Surimi 2 cucchiai da the succo limone appena spremuto 1 1/2 cucchiaio da the senape di Digione 2 bianchi d'uovo, leggermente sbattuti 2 cucchiai tav basilico fresco tritato finemente 3/4 tazza pangrattatoRiscaldare il forno a 175°. Preparare I peperoni facendoli cuocere sotto il grill. Metterli in un sacchetto di plastica per 10 minuti per raffreddarli. Pelare I peperoni. Aprirli da un lato e togliere I semi. Spruzzare il granchio con il succo di limone. Aggiungere la senape e mescolare bene. Aggiungere il bianco d'uovo il basilica e mescolare. Aggiungere la mollica ed impastare il tutto. Inserire il ripieno nell'apertura dei peperoni e richiuderla. Porre I pepperoni su una placca da forno unta, coprire con carta da forno e arrostire per 20 minuti. Levare dal forno e servire con salsa di pomidoro.

PEPERONI SECCHI Tagliare la pianta alla base o raccogliere ciascun peperone e fare passare un filo nella parte legnosa del gambo. Farne una collana e metterla ad essiccare in un luogo fresco ed arieggiato.

ZUCCHINE IN CARPIONE 500 g di piccole zucchine novelle, 2 chiles anchos, 1 peperoncino verde piccante, 1 cipolla piccola, 1 spicchio di aglio, 10 olive verdi, 1-2 rametti di maggiorana, 1 foglia di alloro, 1/2 cucchiaino di origano, 1 chiodo di garofano, 1 pezzetto di cannella, 1/2 tazza di aceto di mele, 1/2 bicchiere di olio di oliva, sale. Aprite i chiles, scottateli e lasciateli a bagno coperti di acqua calda come indicato a pag. 11, quindi frullateli con l'aceto, cipolla e aglio a pezzetti, le spezie, gli aromi e sale. Lessate le zucchine al dente, tagliatele a grossi vezzi e conditele ancora calde con la salsa, l'olio e le olive tritate. Mescolate e lasciate riposare qualche tempo in luogo fresco prima di servire. Potrete sostituire le zucchine con carotine, fiori di cavolfiore, fagiolini verdi o, anche, unire più tipi di verdura.

STUZZICHINI CHILAQUILES 18 tortillas di mais, 500 g di pomodori maturi e sodi, 2 chiles chipotles, 50 g di formaggio stagionato piccante, 1/4 l di crema di latte, olio, sale, zucchero. Come per molte delle pietanze presentate in questo manuale, quella che vi proponiamo è una delle tante varianti di chilaquiles presenti nella cucina messicana. Preparate le tortillas seguendo le indicazioni di pag. 16; tostate e mondate i peperoncini come indicato a pag. 11. Passate quindi a preparare la salsa: pelate i pomodori tuffandoli per pochi istanti in acqua bollente, privateli dei semi e tritateli. In un tegame fate scaldare un po' di olio, quindi unite i pomodori e i peperoncini tritati; insaporite con un pizzico di sale e una punta di zucchero e lasciate asciugare la salsa. Tagliate le tortillas a quadratini di circa 3 cm di lato e fatele rosolare poche per volta in una padella con olio bollente: devono diventare leggermente croccanti ma non prendere troppo colore; scolatele bene dal condimento. In una pirofila adatta alla cottura in forno distribuite uno strato di tortillas, condite con la salsa e quindi con la crema di latte e il formaggio grattugiato. Proseguite alternando gli ingredienti fino al loro esaurimento e terminate con la crema di latte e il formaggio. Passate poi a cuocere in forno caldo per una decina di minuti, sinché il formaggio si sarà sciolto. Alcuni servono i chilaquiles guarnendoli con rondelle di cipolla cruda.

ENCHILADAS 12 tortillas di mais, 1 petto di pollo grande lessato e sfilacciato, 100 g di formaggio stagionato tipo grana o asiago.Per la salsa: 3 pomodori maturi e sodi, 1 cipolla, 3 chiles jalapeños, 2 spicchi di aglio, olio, sale. Bollite i pomodori coperti di acqua con 1/2 cipolla e 1 spicchio di aglio, quindi privateli della pellicina esterna e frullateli con l'altro spicchio di aglio e i chiles puliti (vedi pag. 11). In un tegame soffriggete la 1/2 cipolla rimasta tritata con un po' di olio; non appena diviene trasparente versate i pomodori, un po' della loro acqua di cottura e salate. Lasciate raddensare il sugo su fiamma moderata, poi spegnete. Se utilizzate le tortillas di mais precotte lasciatele prima ammorbidire seguendo le indicazioni di pag. 16. Bagnatele immergendole nella salsa, quindi distribuite su ciascuna un po' di carne di pollo e di formaggio grattugiato, piegatele a mezzaluna (o arrotolatele) e disponetele in una pirofila leggermente unta con olio. Condite le enchiladas con la salsa e il formaggio rimasto e passate in forno caldo per 10-15 minuti. Con le patate 24 tortillas di mais piccole e sottili, 200 g di chorizo (vedi pag. 12), 400 g di patate, 4 chiles anchos, 2 chiles serranos, 1/2 cipolla, 2 spicchi di aglio, 100 g di formaggio stagionato piccante, olio, sale. Iniziate con il preparare il ripieno: lessate le patate in acqua salata, scolatele, sbucciatele e sminuzzatele. In un tegame scaldate 2 cucchiai di olio e rosolate il chorizo mescolando con cura in modo da disfarlo bene. Non appena avrà preso colore, unite le patate, salate e mescolatele su fiamma moderata perché il tutto si insaporisca bene. Mondate i chiles seguendo le indicazioni di pag. 11, poi lasciate ammorbidire gli anchos in acqua tiepida per 10 minuti, scolateli e tagliateli a filetti. In un tegamino rosolate in 2-3 cucchiai di olio un trito di aglio e cipolla e, prima che prenda colore, unite sia i chiles anchos a filetti che i serranos tritati. Lasciate insaporire, quindi allungate con l'acqua di ammollo dei peperoni e fate scaldare. Friggete le tortillas in olio bollente e lasciatele asciugare su carta assorbente. Immergete ciascuna tortilla nella salsa di peperoni, quindi poggiatele su un piatto e distribuite sulla superficie parte del ripieno di patate e salsiccia. Arrotolatele formando dei cannelloni e servitele immediatamente dopo averle cosparse con il formaggio grattugiato.

FOCACCINE RIPIENE (Picaditas o gorditas) 500 g di impasto per tortillas (vedi pag. 16), salsa guacamole (vedi pag. 20), 100 g di formaggio stagionato piccante, olio di oliva, sale. Preparate il guacamole e lasciatelo insaporire in un recipiente coperto e in luogo fresco (evitate di mettere l'avocado che altrimenti annerirebbe). Lavorate l'impasto con le mani umide formando delle focaccine del diametro di circa 6 cm e spesse 1 cm, pizzicottandole lungo i bordi in modo da formare una specie di cestino. Fatele cuocere in una padella di acciaio (o su un comal) che avrete posto a scaldare su fiamma medioalta, rigirandole su entrambi i lati. Non appena i bordi risulteranno ben dorati, scolatele, lasciatele asciugare su carta assorbente e mettetele da parte coperte da un panno. Al momento di servire scaldate un po' di olio in un largo tegame e ponete a cuocere le picaditas lasciando i bordi pizzicottati rivolti verso l'alto; non appena inizieranno a sfrigolare, toglietele dal fuoco, farcitele con il guacamole (cui avrete aggiunto anche la polpa di avocado a pezzetti), spolveratele con il formaggio grattugiato e servitele immediatamente caldissime. Le picaditas potranno essere preparate come la vostra creatività suggerisce: farcite con fagioli schiacciati, con salse diverse, con pollo sfilacciato o chorizo rosolato ecc.

PANINI FARCITI (Molletes) 1 filone di pane tipo baguette, 200 g di fagioli schiacciati (vedi pag. 52), 150 g di formaggio semi stagionato tipo asiago, salsa di pomodoro e avocado (vedi pag. 19). Tagliate la baguette a metà nel senso della lunghezza, quindi ciascuna metà in 4-5 pezzi a seconda della lunghezza. Su ogni pezzo di pane spalmate uno strato di fagioli schiacciati e disponete 1 fetta di asiago. Passate a gratinare in forno già caldo sinché il formaggio si sarà ammorbidito, quindi servite immediatamente guarnendo con la salsa. Questa pietanza veloce e gustosa viene spesso servita come antipasto o in occasione di cene leggere.

PEPERONI AL FORMAGGIO 8 chiles poblanos della stessa grossezza, 500 g di formaggio fresco tipo feta, 500 g di pomodori maturi e sodi, 1 cipolla piccola, 1 chiodo di garofano, 1 pezzetto di cannella, 3 uova, farina, 1/2 bicchiere di crema di latte, olio, sale, pepe, zucchero. Dopo aver praticato un'incisione laterale, private i peperoni di semi e membrane interne, quindi scottateli in una padella di ferro, avvolgeteli in un panno e puliteli della pellicina esterna come indicato a pag. 11. Sciacquateli e lasciateli asciugare su un canovaccio, poi farciteli con una fetta di formaggio e richiudeteli nella forma originale (eventualmente fermate i bordi con uno stuzzicadenti). Montate a neve gli albumi d'uovo, quindi amalgamate, uno alla volta, i tuorli. Passate i peperoni nella farina, avendo l'accortezza di scrollarli da quella in eccesso, poi nel composto di uova e friggeteli in olio bollente rigirandoli spesso in modo che scuriscano in maniera uniforme. Scolateli e lasciateli asciugare su carta assorbente da cucina.Nel frattempo preparate la salsa di pomodoro: scottate i pomodori in acqua bollente per riuscire a privarli facilmente della pellicina esterna, quindi frullateli con la cipolla a pezzetti, il chiodo di garofano, la cannella e 1/2 cucchiaino di zucchero. Scaldate un po' di olio in un tegame, versate la salsa e lasciatela cuocere a pentola coperta per 15 minuti. Prima di spegnere condite con sale e pepe; se al termine della cottura il sugo fosse troppo asciutto, allungatelo con un po' di acqua calda salata. Disponete i peperoni nel tegame e lasciate scaldare per 5 minuti a recipiente coperto; prima di spegnere bagnate con la crema.

PEPERONI FREDDI AL TONNO 8 chiles poblanos piccoli, 1 pomodoro rosso e sodo, 1/2 cipolla, 1 spicchio di aglio, 1/2 tazza di crema di latte, 2 cucchiai di olio d'oliva, 1/2 bicchiere di aceto, sale, pepe. Per il ripieno: 125 g di tonno sottolio sgocciolato, 200 g di pomodori maturi e sodi, 100 g di piselli cotti, 1 avocado grosso, 1/2 cipolla piccola, olio di oliva, sale, pepe. Mondate i peperoni della pellicina esterna come indicato a pag. 11, praticate un'incisione laterale e puliteli anche dei semi e delle membrane interne. Fateli poi cuocere in un tegame in cui avrete scaldato l'olio insieme con la cipolla a pezzi e l'aglio; quando saranno rosolati da entrambi i lati bagnateli con una miscela di 1/2 l di acqua, aceto e una presa di sale. Fate prendere il bollore e lasciate sobbollire sinché si saranno ammorbiditi, quindi scolateli e lasciateli asciugare su un canovaccio. Nel frattempo preparate il ripieno amalgamando il tonno sminuzzato con la cipolla finemente tritata, i pomodori privati di pelle, semi e anch'essi tritati, i piselli. In ultimo aggiungete anche la polpa di avocado tritata, 1 cucchiaio di olio, sale, pepe e mescolate con delicatezza.Farcite i peperoni con il composto al tonno e sistemateli su un piatto da portata, copriteli con la crema di latte insaporita con sale e pepe e guarniteli con fette di pomodoro fresco.

PEPERONI IN SALSA VERDE 6 chiles anchos della stessa grossezza, 500 g di polpa di maiale, 200 g di formaggio fresco tipo feta, 1 cipolla piccola, 1 spicchio di aglio, olio, sale. Per la salsa: 500 g di tomates verdes, 2 spicchi di aglio, 1/2 cipolla piccola, 1/2 cucchiaino di origano secco o 1 rametto di fresco, olio, sale. In una pentola lessate la carne coperta di acqua con cipolla, aglio e sale. A cottura ter minata lasciate raffreddare, quindi filtrate il brodo e tagliate la carne a pezzettini. Nel frattempo praticate un'incisione sul fianco dei peperoni, apriteli e puliteli dei semi e delle membrane interne, quindi scottateli in una padella di ferro e poi lasciateli riposare per 10 minuti coperti di acqua calda. Non appena saranno morbidi, asciugateli e farciteli con una fetta di formaggio; richiudeteli dando loro la forma originale e rosolateli in poco olio girandoli su entrambi i lati. Sgocciolateli e teneteli da parte. Tritate finemente la cipolla con l'aglio e rosolatela in 2 cucchiai di olio; non appena diviene trasparente, unite i tomates che avrete pulito del rivestimento esterno e i tagliato in quarti e cuocete su fiamma moderata per 15 minuti, mescolando di tanto in tanto. Unite al sugo di tomates il brodo filtrato e la carne e proseguite la cottura per 30 minuti su fiamma bassa; in ultimo aggiungete i chiles, aromatizzate con un po' di origano e sale. Lasciate insaporire su fiamma bassa per una decina di minuti, così da scaldare bene anche i peperoni, quindi servite.

PEPERONI RIPIENI (Chiles rellenos) 8 chiles poblanos della stessa grossezza, 100 g chorizo (vedi pag. 12), 200 g di fagioli lessati, 1 cipolla piccola, 1 spicchio di aglio, 1 mazzetto aromatico piccolo, 3 uova, farina, 50 g di formaggio stagionato piccante, 1/2 bicchiere di crema di latte, aceto, 2 cucchiai di olio, sale. Esistono infinite versioni di chiles rellenos, ripieni di formaggio, carni, tonno o altro, passati (a volti) in uovo i farina, quindi rosolati i serviti accompagnati da svariati tipi di salse. In genere vengono utilizzati i chiles poblanos o anchos (chi sono i poblanos essiccati), poiché sarà però difficile trovarli in Italia potrete usare peperoni dolci, provvedendo però a rendere più saporito il ripieno o la salsa. Facendo molta attenzione a non romperli, puliti i peperoni con uno straccio umido i togliete semi i membrane interni. Copriteli con acqua portata a bollori con uno spruzzo di aceto, cipolla e l'aglio a pezzetti, il mazzetto aromatico e sali i lasciatili in ammollo sinché non si saranno ammorbiditi i non si riuscirà a privarli facilmente dilla pellicina esterna. Togliete al chorizo la pellicina esterna i rosolatelo in una padella con l'olio, mescolando in modo chi si disfi e cuocia in maniera uniforme; non appena prende colori, aggiungiti i fagioli frullati i lasciate insaporire. Con il composto di chorizo farciti i peperoni, cui darete la forma originaria saldando eventualmente i bordi con uno stuzzicadenti. In una terrina montati a nevi soda gli albumi e, mescolando con molta delicatezza, amalgamati un tuorlo alla volta. Passate i peperoni nella farina, scuotendoli da eventuali eccessi, quindi nell'uovo e rosolatili in un tegame con poco olio, avendo cura di rigirarli su entrambi i lati in modo che scurisca- no in modo uniforme; lasciateli poi scolari su della carta assorbente da cucina. Servitili ancora ben caldi guarnendoli con la crema di latte e il formaggio grattugiato. Questa è soltanto una dilli molti varianti sul tema e, di seguito vi ne presentiamo altre particolarmente rappresentative. Altri ancora potranno essere da voi ideate utilizzando picadillo o chili di carnicome ripieno e alcuni delle salsi presentati nel capitolo iniziale come accompagnamento.

PEPERONI RIPIENI CON FIORI DI ZUCCHINA 8 chiles poblanos, 400 g di fiori di zucchina, 8 fette di formaggio fresco tipo feta, 1/2 cipolla piccola, 1 ciuffo di epazote o coriandolo, 3 uova, farina, olio, salsa guacamole (vedi pag. 20), sale. Mondate i fiori di zucchina da stami e pistilli, puliteli con un panno umido e tritateli grossolanamente. In un tegame rosolate la cipolla tritata in un poco di olio, quindi unite i fiori di zucchina e l'epazote (o il coriandolo) finemente tritato; insaporite con sale e, mescolando, stufate su fiamma bassa. Preparate il guacamole arricchendolo con un paio di cucchiai di olio. Mondate i peperoni come indicato nella ricetta precedente, lavateli e asciugateli. Montate a neve gli albumi delle uova, quindi amalgamate anche i tuorli unendoli uno alla volta. Farcite ciascun peperone con una fetta di formaggio e una parte di fiori di zucchina, quindi richiudete (eventualmente fermando i bordi con uno stuzzicadenti) e passateli velocemente nella farina e nel composto di uova. Friggeteli in olio bollente, girandoli su entrambi i lati in modo che si colorino in modo uniforme, e lasciateli asciugare su carta assorbente da cucina. Serviteli ben caldi guarnendoli con il guacamole.

QUESADILLAS CON LE PATATE 250 g di impasto per tortillas (vedi pag. 16), 250 g di patate, qualche rametto di epazote (o di origano misto a timo), 100 g di formaggio tipo olandese, 2 cucchiai di farina, 1/2 bicchiere di panna, olio, sale. Per la salsa: 250 g di pomodori maturi e sodi, 1/2 cipolla piccola, 1 spicchio di aglio, 2 peperoncini verdi piccanti, I ciuffo di coriandolo, sale. Lessate le patate, sbucciatele e passatele allo schiacciapatate, quindi amalgamatele all'impasto per tortillas insieme con un pizzico di sale, la farina, la panna e, se fosse necessario, un po' di acqua. Lavorate sul piano di lavoro infarinato fino a ottenere un composto omogeneo che suddividerete in pugnetti da cui, con il matterello, ricaverete tortillas sottili di circa 10 cm di diametro. Preparate la salsa: mettete al fuoco i pomodori con i chiles e una presa di sale, coprendoli appena di acqua; non appena giungono a bollore, scolate entrambi, private i pomodori della buccia esterna e frullate con aglio, cipolla e coriandolo fino a ottenere una salsa omogenea. Su ciascuna tortillas disponete un po' di formaggio e un rametto di epazote (o degli altri aromi), ripiegate a mezzaluna premendo bene i bordi. Friggete le quesadillas per un paio di minuti girandole su entrambi i lati così che dorino in modo uniforme. Scolatele servitele guarnendole con la salsa di pomodoro. Come spiega il nome, le quesadillas dovrebbero di regola essere ripiene di formaggio, in Messico ne esistono però infinite varianti che tra gli ingredienti del ripieno vedono chorizo, funghi e, immancabili, gli squisiti fiori di zucchina.

TOSTADAS CON POLLO I' versione 24 tortillas piccole e molto sottili, 250 g di fagioli schiacciati (vedi pag. 52), 1 petto di pollo già cotto, 1 cespo di lattuga, 2 chiles chipotles conservati (en adobo), 100 g di formaggio stagionato piccante, 1/41 di crema di latte, olio. Con un coltellino o un apposito stampo ritagliate i bordi delle tortillas in modo da eliminare le slabbrature, quindi friggetele in olio bollentefino a renderle uniformemente dorate e croccanti. Scolatele e lasciatele asciugare su carta assorbente da cucina. Mondate la lattuga e tagliatela in listarelle; tritate i chipotles e sfilacciate la carne di pollo. Su ciascuna tostadas distribuite un po' di salsa di fagioli, lattuga, crema di latte, carne di pollo, formaggio grattugiato e peperoncino tritato. 2a versione 24 tortillas di mais piccole e sottili, 200 g di polpa di pollo lessata, 500 g di pomodori maturi e sodi, 1 cipolla e 1/2, 1 spicchio di aglio, 3 chiles serranos, 1 ciuffo di coriandolo, 80 g di formaggio stagionato piccante, 1 tazza di brodo di pollo, 1/2 bicchiere di crema di latte, olio, sale. Sfilacciate la polpa di pollo e mescolatela alla crema di latte insaporendo con sale, quindi lasciate riposare in frigorifero. Mondate i pomodori della pellicina esterna, poi frullateli con i peperoncini, il coriandolo, 1 cipolla e lo spicchio di aglio. Passate tutto in un tegame in cui avrete scaldato 2 cucchiai di olio e lasciate che si asciughi della metà. Prima di spegnere allungate con il brodo caldo, aggiustate di sale e fate raddensare nuovamente per qualche istante su fiamma vivace. Friggete le tortillas in olio caldo, rigirandole su entrambi i lati in modo che risultino ben dorate e croccanti; lasciatele poi asciugare su carta assorbente da cucina. Su ciascuna tostadas distribuite uno strato di salsa e guarnite con la carne di pollo. Adagiatele in un piatto da portata e spolveratele con formaggio grattugiato e un po' di cipolla tritata.

TORTILLAS RIPIENE CON PESCE (Panuchos o gordas) 12-14 tortillas non cotte, 500 g di tranci di gattuccio (o altro pesce a polpa bianca tipo sgombro, palombo ecc.), 500 g di pomodori maturi e sodi, 150 g di fagioli schiacciati (vedi pag. 52), 1 cipolla e 1/2, 1 spicchio di aglio, 2 rametti di epazote (o un misto di origano e timo), olio, sale, salsa alle cipolle (vedi pag. 23). Friggete le tortillas in olio bollente, dorandole da entrambi i lati, quindi scolatele e, ancora calde, con un coltellino dalla punta affilata incidetele orizzontalmente in modo da ricavare una tasca (fate attenzione a non bucarle). Per il ripieno pulite il pesce e lessatelo in acqua portata a bollore con l'aglio, 1 cipolla, un po' di epazote e una presa di sale; non appena è cotto, spegnete e lasciate raffreddare, quindi scolatelo, mondatelo da pelle ed eventuali lische e sminuzzatelo. Rosolate 1/2 cipolla tritata in 2 cucchiai di olio e, quando si sarà ammorbidita, aggiungete i pomodori che avrete pelato e tritato. Lasciate asciugare il sugo, quindi unite il pesce, aromatizzate con un po' di epazote finemente tritato, salate e proseguite su fiamma bassa per 5 minuti. Farcite le tasche delle tortillas con i fagioli schiacciati, quindi guarnite ciascuna con un po' di sugo di pesce e con la salsa alle cipolle. Se non riusciste ad aprire una tasca nelle tortillas, potrete formare i panuchos sovrapponendo 2 tortillas.

TACOS ALLE UOVA 24 tortillas di mais piccole e sottili, 250 g di pomodori maturi e sodi, 1/2 cipolla piccola, 1 peperoncino verde, 5 uova, olio, sale, salsa di pomodoro e avocado (vedi pag. 19). I tacos non sono altro che una delle tante pietanze messicane clle vedono come protagonista principale le tortillas; in questo caso sono farcite e arrotolate a forma di cannellone o, più semplicemente, piegate a mezzaluna. Riguardo al ripieno, potrete sbizzarrirvi con tinga, picadillo, chili, fagioli schiacciati, formaggio e servirli accompagnandoli con o senza salse. Noi ci limitiamo a consigliarvianche questa gustosa versione con le uova. Tuffate i pomodori in acqua bollente per pochi istanti, in modo da riuscire facilmente a privarli della pellicina esterna, e tritateli finemente con il peperoncino adeguatamente pulito (vedi pag. 11). In un tegame rosolate la cipolla finemente tritata in alcuni cucchiai di olio, quindi unite i pomodori e salate; lasciate scaldare, poi rompete nel tegame le uova e strapazzatele mescolando con un cucchiaio di legno sinché non si saranno rapprese (devono però rimanere morbide). Friggete le tortillas in poco olio, quindi scolatele accuratamente e farcitele con il composto di uova. Chiudete a mezzaluna e disponetele in un piatto da portata guarnendo con la salsa di avocado e pomodori. I tacos possono essere tranquillamente preparati anche con tortillas di farina bianca e volendo, dopo essere stati farciti, possono venire riscaldati sul comal o in una padella antiaderente senza alcun condimento. In Messico è frequente l'abitudine di portare in tavola varie pietanze, salse e tortillas in modo che ciascun commensale si prepari il proprio taco a piacere.

TAMALES AL CHILI 500 g di impasto per tortillas, 250 g di polpa di maiale o di pollo lessata, 200 g di tomates verdes, 2-3 peperoncini verdi, 1 cipolla piccola, 1 spicchio di aglio, 1 ciuffo di coriandolo, 1 tazza di brodo, olio, sale, una ventina di foglie di mais essiccate. I tamales sono un altro dei tradizionali stuzzichini che in Messico vengono venduti agli angoli delle strade. Ne esistono infinite versioni: piccole porzioni di masa fresca vengono farcite con differenti ripieni (dolci o salati) e quindi avvolti in foglie di mais o banano e cotte al vapore. Questi golosi pacchettini sono considerati una pietanza tipica delle fiestas e vanno serviti caldi o tiepidi. Iniziate con preparare il chili: tuffate i tomates puliti dal rivestimento esterno e i peperoncini in acqua a bollore e lasciate cuocere per 8-10 minuti. Scolate entrambi e frullateli con brodo, cipolla, aglio e coriandolo, insaporendo con una presa di sale. In un tegame scaldate un paio di cucchiai di olio, versate la crema di tomates e unite la carne tagliata a pezzettini. Lasciate insaporire 5 minuti e, prima di spegnere, aggiustate di sale. Lasciate a bagno in acqua tiepida le foglie di mais in modo che si ammorbidiscano, quindi scolatele e asciugatele. Su ciascuna foglia (dividetele in due se sono troppo grandi) distribuite un pugnetto di impasto (lasciatelo molto morbido) appiattendolo bene con il dorso del cucchiaio o il palmo della mano umidi, facendo però attenzione a lasciare almeno uno spazio di circa 2-3 cm dal bordo della foglia. Al centro dell'impasto distribuite un po' di chili, quindi ripiegate la foglia a pacchetto, in modo che il ripieno non fuoriesca - dategli una forma compatta e ordinata, che ingolosisca alla vista e per chiuderlo aiutatevi eventualmente con del filo da cucina o qualche striscia di foglia. Sistemate i tamales in un cestello per la cottura al vapore, inclinandoli leggermente l'uno sull'altro per non fare uscire il ripieno, e cuoceteli a vapore per 1-2 ore: Saranno pronti quando la pasta si staccherà facilmente dalla foglia di mais. In caso utilizziate una pentola a pressione, dimezzate i tempi di cottura.

FORMAGGIO FUSO CON FILETTI DI PEPERONE (Rajas con queso) 4 tazze di formaggio tipo edam, 2 chiles poblanos (o 1 peperone verde dolce e 1 verde piccante), 1/2 l di latte, 50 g di burro, sale, pepe. Il formaggio fuso viene solitamente servito come piccolo spuntino o in accompagnamento a carni alla griglia. Si serve con tortillas da usarea mo' di cucchiaio o con totopos. Consigliamo di preparare una por- zione per volta per ottenere una cottura più loce e omogenea. Pulite i poblanos seguendo le indicazioni di pag. 11 e tagliatelo a sottili filetti (rajas). In un pentolino fate sciogliere il burro e rosolate il peperone; versate quindi il latte e, non appena si sarà scaldato, aggiungete il formaggio (il latte eviterà che si attacchi al fondo della pentola) e insaporite con sale e pepe. Cuocete su fiamma bassa, mescolando in continuazione con un cucchiaio di legno così da permettere al formaggio di sciogliersi e di amalgamarsi al condimento. In genere sono sufficienti 10-12 minuti ma, se desiderate che il formaggio acquisti un colore più scuro e si insaporisca ulteriormente, potrete aumentare il tempo di cottura. Oltre che con i peperoni il formaggio fuso può anche essere preparato con chorizo o funghi, entrambi rosolati a parte e aggiunti come guarni- zione prima di servire.

UOVA La cucina messicana usa frequentemente le uova sia in complemento di altre ricette sia come piatto `a se stante'. In quest'ultimo caso le troviamo - strapazzate, sode, all'occhio di bue ecc. - spesso accompagnate a ingredienti quali pomodoro, fagioli, chorizo, nopales... Quelle che vi presentiamo sono le 2 preparazioni a base di uova più diffuse in Messico, entrambe vedono la partecipazione di pomodoro e peperoncino.

UOVA ALLA RANCHERO (Huevos rancheros) 6 uova, 200 g di pomodori maturi e sodi, 2 chiles poblanos, 1 peperoncino verde fresco, 1 cipolla piccola, 1 spicchio di aglio, 1 ciuffo di coriandolo, 6 fette di formaggio fresco, olio, sale, 6 tortillas sottili. Pulite i peperoni poblani scottandoli, privandoli della pellicina e tagliandoli a filetti sottili come indicato a pag. 11, poi rosolateli in poco olio. Preparate la salsa: e bollite i pomodori coperti da poca acqua, con il peperoncino (pulito dei semi e delle membrane interne) e lo spicchio di aglio; privateli poi della pellicina esterna e frullateli con la cipolla a pezzetti e il coriandolo. Lasciate raddensare la salsa al fuoco con un po' di olio e aggiustate di sale prima di spegnere; se si fosse asciugata troppo allungatela con un po' dell'acqua di cottura dei pomodori. Dorate le tortillas in poco olio bollente, rigirandole su entrambi i lati e senza farle scurire eccessivamente, quindi sgocciolatele accuratamente e disponetele su un piatto da portata. In poco olio cuocete le uova "all'occhio di bue", quindi disponetene una su ciascuna tortilla, condendo con la salsa di pomodoro, una fetta sottile di formaggio fresco e qualche filetto di peperone poblano. Una variante meno diffusa delle uova alla ranchero prevede la sostituzione della salsa di pomodoro con una a base di tomates verdes.

UOVA ALLA MESSICANA (Huevos a la mexicana) 6 uova, 400 g di pomodori maturi e sodi, 4 chiles serranos, 1/2 cipolla, 100 g di formaggio fresco tipo feta, 1/2 bicchiere di crema di latte, olio, sale. In poco olio rosolate la cipolla finemente tritata, quindi unite i pomodori spellati e tritati, salate e lasciate raddensare per pochi minuti. Ungete con olio una pirofila da forno, sul fondo distribuite metà della salsa e disponete le uova che avrete fatto rassodare e tagliato a metà nel senso della lunghezza. Ricoprite con il resto della salsa e condite con la crema di latte, il formaggio sbriciolato, i chiles mondati e tagliatia filetti (vedi pag. 11). Passate per pochi minuti in forno caldo e servite. Un'altra versione prevede che le uova vengano strapazzate nella salsa di pomodoro e servite con tortillas di mais.

DOLCI CREMA DOLCE DI ZUCCA E MANDORLE 1 kg di polpa di zucca già cotta e frullata, 100 g di mandorle sgusciate, 600 g di zucchero, 6 uova, 11 di latte, 1 bicchiere di sherry. Pulite le mandorle dalla pellicina esterna tuffandole in acqua bollente, quindi passatele al mixer e unitele al latte. In una casseruola su fiamma moderata mescolate la polpa di zucca frullata con lo zucchero, sin quando non si sarà asciugata e lo zucchero sarà stato assorbito. Sempre mescolando versate il latte caldo con le mandorle e, non appena il composto prende il bollore, togliete dal fuoco e, amalgamando con cura, aggiungete i tuorli d'uovo (uno per volta) e lo sherry. Rimettete sul fornello ancora per qualche minuto senza smettere di mescolare, quindi versate in coppette.

DOLCE DI PANE 1 filone di pane tipo baguette, 500 g di zucchero grezzo (piloncillo), 5 uova, 4 chiodi di garofano, 1 pezzetto di cannella, 50 g di uvetta passa, 1 bicchiere di sherry. Il dolce di pane viene preparato in periodo di Quaresima e ne esistono differenti versioni a seconda delle regioni. Preparate uno sciroppo sciogliendo lo zucchero in 1 1 abbondante di acqua e aromatizzando con i chiodi di garofano e la cannella; lasciate sobbollire sinché prende la giusta consistenza, quindi togliete dal fuoco. Mescolate 1/4 dello sciroppo con lo sherry e utilizzatelo per bagnare il pane tagliato a fette alte circa 1 cm che avrete disposto in un largo piatto da portata. Battete bene i tuorli e amalgamateli poco per volta al resto dello sciroppo in modo da ottenere un composto omogeneo. Rimettete poi tutto al fuoco e mescolate lasciando raddensare, quindi versate tutto sul pane e guarnite con l'uvetta che avrete fatto ammorbidire in acqua tiepida e asciugato.

FRITTELLE ALLO SCIROPPO (Buñuelos con miel) 500 g di farina, 2 cucchiai di margarina, 4 uova, vino bianco moscato, olio, sale. Per lo sciroppo: 500 g di zucchero grezzo, la scorza di 1/2 arancia Mescolate la farina con una presa di sale e disponetela a fontana sul piano di lavoro. In un incavo centrale rompete le uova e mettete la margarina fatto ammorbidire a temperatura ambiente e tagliata a pezzettini, quindi impastate energicamente unendo tanto vino quanto sarà necessario a ottenere un impasto omogeneo ed elastico; lasciate poi riposare in un recipiente coperto da un panno umido per 30 minuti. Nel frattempo preparate lo sciroppo con cui accompagnare le frittelle: in una casseruola mescolate sul fuoco lo zucchero con una pari quantità di acqua e la scorza di arancia (solo la parte arancione) tagliata a sottilissimi filetti; lasciate sobbollire su fiamma moderata continuando a mescolare per circa 20 minuti, finché lo sciroppo non avrà preso la giusta consistenza. Suddividete l'impasto e, lavorando con piano di lavoro e matterello infarinato, ricavatene delle dischi molto sottili di circa 15-18 cm di diametro che farete dorare su entrambi i lati in olio bollente. Scolate con cura le frittelle, lasciatele asciugare su carta assorbente da cucina e servitele calde cospargendole con lo sciroppo. A volte i boñuelos vengono anche serviti ancora bollenti spolverati con zuccherosemolato, oppure tiepidi cosparsi di cioccolata calda.

PANE DEI MORTI 500 g di farina, 100 g di zucchero, 100 g di burro, 6 uova, 15 g di lievito in polvere, 1 cucchiaio di acqua di fiori di arancio, 1/2 cucchiaino di semi di anice, sale. Non è certo la mestizia che in Messico caratterizza le giornate dei morti, che si festeggiano con questo dolce. In quei giorni di novembre le tombe vengono decorate con calendule, luci colorate e i cimiteri divengono luogo di scambio e incontro. In una scodella mescolate 2 cucchiai di farina con il lievito e acqua fino a ottenere un impasto soffice e omogeneo che lascerete riposare coperto sinché avrà raddoppiato il suo volume. Sul piano di lavoro disponete a fontana il resto della farina mista a un pizzico di sale e allo zucchero; in un incavo mettete le uova, lo zucchero, i semi di anice leggermente contusi, l'acqua di fiori di arancio, il burro fatto ammorbidire a temperatura ambiente e tagliato a pezzettini. Impastate il tutto e poi unite anche la pasta lievitante: lavorate energicamente sinché l'impasto prende una consistenza omogenea e soda, quindi ponetelo in una terrina, coprite e lasciate riposare in luogo tiepido per almeno 3-4 ore. Quando la pasta avrà raddoppiato il volume, manipolatela nuovamente sul piano di lavoro infarinato, quindi dividetela in porzioni; a 1/3 di queste date la forma di un teschio, mentre con le altre modellate delle tibie. Sulla piastra del forno unta di olio incrociate due tibie e sopra sistemate un pezzo di pasta a forma di cranio, così fino a esaurimento dell'impasto; pennellate le forme con il latte perché rimangano attaccate. Coprite e lasciate riposare per 1 ora, quindi cuocete in forno molto caldo per circa 10 minuti, abbassate e proseguite a temperatura moderata per 20 minuti circa. Togliete i dolci dal forno bagnateli con latte o tuorlo d'uovo sbattuto e spolverateli di zucchero, quindi rimettete brevemente in forno.

PERE CON COCCO CANDITO 7 pere cotogne, 100 g di mandorle sgusciate, 350 g di zucchero grezzo (piloncillo), 1 tazzina di panna. Per il cocco candito: 100 g di polpa di cocco fresco, 100 g di zucchero, 1 uovo. Preparate il cocco candito: fate sciogliere lo zucchero con 1 dl e 1,2 di acqua su fiamma moderata in una casseruola protetta da una retina frangifiamma. Non appena lo sciroppo inizia a sobbollire, unite la polpa di cocco grattugiata e, mescolando, lasciate asciugare. Togliete dal fuoco e amalgamate con cura il tuorlo d'uovo, quindi scaldate ancora per 2-3 minuti. Sbucciate le pere, tagliatele a metà per il lungo e pulitele dal torsolo scavando anche un po' di polpa in modo da ricavare un incavo in cui sistemare il cocco. Preparate uno sciroppo diluendo lo zucchero in una pari quantità di acqua e mescolando su fiamma moderata; immergete le pere nello sciroppo e fate cuocere per 1 ora su fiamma molto bassa. Spegnete e lasciate riposare la frutta nello sciroppo per un giorno intero. Il giorno dopo rimettete al fuoco e fate raddensare lo sciroppo, quindi scolate le pere e disponetele in un piatto da portata farcendole con il cocco candito. Frullate 1 chiara d'uovo con le mandorle (private della pellicina esterna) e amalgamatele allo sciroppo; rimettete tutto al fuoco e, mescolando, versate la panna. Continuate a mescolare sinché otterrete una consistenza abbastanza densa, quindi utilizzate la salsa per guarnire le pere farcite.

RISO AL LATTE (Arroz con leche) I' versione 1 tazza di riso bianco, la scorza di 1/2 limone, 2-3 pezzetti di cannella,50 g di uvetta passa, 2 tazze di latte, 1 tazza di zucchero, cannella in polvere. Sciacquate il riso sotto acqua corrente, sinché non lascerà più impurità, quindi mettetelo al fuoco con 3 tazze di acqua, la scorza di limone e la cannella a pezzetti. Non appena avrà assorbito il liquido (e sarà già in parte cotto) unite il latte fatto prima scaldare con lo zucchero, mescolate con delicatezza e proseguite la cottura per altri 15 minuti. In ultimo aggiungete l'uvetta prima ammorbidita in acqua tiepida e scolata. Durante la cottura non mescolate eccessivamente o con troppa energia, per evitare di spezzare i chicchi. Al termine versate il riso (che dovrà essere rimasto un po' liquido) in coppette singole, guarnite con un pizzico di cannella in polvere e lasciate raffreddare prima di servire. 2a versione 150 g di riso, 250 g di zucchero, 5 uova, 1 l e 1/4 di latte, 30 g di burro, 50 g di uva passa, 1 pezzetto di cannella. Fate cuocere il riso coperto di acqua su fiamma bassa e, quando l'acqua sarà quasi del tutto assorbita, unite il latte mescolato allo zucchero e alla cannella. Lasciate sobbollire piano sinché anche il latte non verrà assorbito, mescolando dolcemente in modo da non rompere i chicchi. Togliete dal fuoco e amalgamate al composto un tuorlo d'uovo alla volta. Rimettete a cuocere ancora qualche minuto, quindi unite metà dell'uvetta fatta rinvenire in acqua tiepida e asciugata e versate tutto in uno stampo per budini imburrato. Distribuite sulla superficie qualche fiocchetto di burro e passate a cuocere in forno caldo sinché la superficie non prenderà colore. Servite guarnendo con il resto dell'uvetta.

TORTA DI ANANAS 1 grosso ananas, 2 piccole noci di cocco o 1 grande, 50 g di mandorle sgusciate, 800 g di zucchero grezzo (piloncillo), 8 uova. Sbucciate l'ananas, tagliatela a pezzetti e mettetela al fuoco coperta di acqua (circa 1/2 1) lasciando sobbollire piano. Non appena risulterà morbida scolatela e passatela al mixer; filtrate il liquido di cottura e rimettetelo al fuoco con lo zucchero. Mescolando lasciate che lo sciroppo prenda consistenza, quindi unite la polpa di cocco finemente grattugiata e quella di ananas. Lasciate asciugare senza smettere di mescolare, quindi togliete dal fuoco, e amalgamate con cura 1 tuorlo alla volta. Rimettete al fuoco ancora per qualche minuto, sempre mescolando, quindi versate in uno stampo o in coppette singole e guarnite con le mandorle, che avrete tuffato in acqua per privarle della pellicina esterna e tostato in un padellino antiaderente.

E Adesso : 6 Ricette Di Bevande Messicane!

BEVANDE ATOLE ALLE FRAGOLE 75 g di maizena, 80 g di zucchero, 1 pizzico di bicarbonato di sodio, 1 pezzetto di cannella, 100 g di fragole, 1/2 l di latte. Portate a bollore 1/2 l di acqua con la cannella e, mescolando, versate la maizena prima stemperata in 1 bicchiere di acqua fredda. Lasciate sobbollire piano per circa 20 minuti quindi, senza smettere di mescolare, unite il latte caldo e lo zucchero mischiato al bicarbonato. In ultimo unite le fragole che avrete lavato e passato attraverso un setaccio. Amalgamate con cura e servite caldo. Volendo sarà possibile sostituire le fragole con ananas o guava (in parte frullati e in parte a cubetti), cioccolato, vaniglia o noci.

BEVANDA AL RISO (Agua de orchiata) 250 g di riso, 2 pezzetti di cannella, 1/2 l di latte, zucchero. Lasciate riposare il riso in 3 tazze di acqua fredda per circa 2 ore, quindi passate tutto al frullatore. Unite al composto la cannella e il latte;mescolate con cura, allungando con 1 l di acqua e zuccherando a piacere. Servite ben fredda, come bevanda dissetante o anche per accompagnare un pranzo.

BEVANDA AI FIORI DI IBISCO (Agua de jamaica) 150 g di fiori di ibisco secchi, 150 g di zucchero. Lavate i fiori e scolateli bene, poi portateli a bollore con 1/2 l di acqua, abbassate la fiamma e lasciate sobbollire per una decina di minuti. Filtrate l'infuso, diluitelo con altrettanta acqua e zuccheratelo a piacere. Servite molto ghiacciata.

MARGARITA 6/10 di tequila, 3/10 di Cointreau, 1/10 di succo di lime o limone, sale. Miscelare tequila, Cointreau e succo di lime nello shaker con ghiaccio cristallino e servire in una coppetta da cocktail molto fredda e orlata di sale.

GRANITA DI ANANAS (Garapiña) 1 ananas non troppo grosso, 100 g di tamarindo, I kg di zucchero, 2-3 limoni, 1/2 cucchiaino di polvere di cannella, 5 chiodi di garofano. Sbucciate la polpa dell'ananas, passatela al mixer e lasciatela in infusione in 2 1 di acqua per 3 giorni; in metà dose di acqua e per lo stesso tempo si lasciano in infusione anche i tamarindi che avrete leggermente schiacciato. Scolate quindi entrambi e unite 2 1 di acqua, lo zucchero, le spezie, il succo filtrato di limone. Mescolate con aura e lasciate riposare per almeno 1 ora in freezer. Di tanto in tanto mescolate il liquido in modo che si ghiacci ma non si solidifichi troppo. Volendo è anche possibile servirla fredda di frigorifero accompagnandola con ghiaccio tritato o in cubetti.

TEQUILA SUNRISE 3/10 di tequila, 7/10 di succo di arancia, sciroppo di granatina. Miscelare la tequila con il succo di arancia in un bicchiere tumbler con alcuni cubetti di ghiaccio. Completare con uno spruzzo di sciroppo di granatina al fine di dare l'effetto del sole che nasce...

Siamo Arrivati Alla Conclusione

Ci Complimentiamo Con Te Per Aver Scelto Questo Libro !

Sei Rimasto Soddisfatto ? Allora Ti invitiamo a Lasciare

Un FeedBack Positivo a 5 Stelle !

Grazie Di Cuore :)

The author is not a licensed practitioner, physician, or medical professional and offers no medical diagnoses, treatments, suggestions, or counseling. The information presented herein has not been evaluated by the U.S. Food and Drug Administration, and it is not intended to diagnose, treat, cure, or prevent any disease. Full medical clearance from a licensed physician should be obtained before beginning or modifying any diet, exercise, or lifestyle program, and physicians should be informed of all nutritional changes.

The author/owner claims no responsibility to any person or entity for any liability, loss, or damage caused or alleged to be caused directly or indirectly as a result of the use, application, or interpretation of the information presented herein.

9 781802 523614